政府管理创新与能力建设

ZHENG FU GUAN LI CHUANG XIN YU NENG LI JIAN SHE

ZHENG FU GUAN LI CHUANG XIN YU NENG LI JIAN SHE

政府管理创新与能力建设

李鹏／著

中共中央党校出版社
The Central Party School Publishing House

图书在版编目（CIP）数据

政府管理创新与能力建设/李鹏著．—北京：中共中央党校出版社，2010.9

ISBN 978-7-5035-4398-2

Ⅰ．政…　Ⅱ．李…　Ⅲ．国家行政机关—行政管理—研究—中国　Ⅳ．D630.1

中国版本图书馆 CIP 数据核字（2010）第 175804 号

政府管理创新与能力建设

责任编辑　曲　炜
版式设计　李　灵
责任校对　王洪霞
责任印制　宋二顺

出版发行　中共中央党校出版社
（北京市海淀区大有庄 100 号）
邮　　编　100091
网　　址　www.dxcbs.net
电　　话　（010）62805800（办公室）　（010）62805818（发行部）
经　　销　新华书店
印　　刷　北京鑫海金澳胶印有限公司印装
字　　数　184 千字
版　　次　2010 年 9 月第 1 版　2010 年 9 月第 1 次印刷
开　　本　880 毫米×1230 毫米　A5
印　　张　6.875
定　　价　16.00 元

前　言

联合国21世纪议程上曾提出：“一个国家求取可持续发展的能力在很大程度上取决于其人民和体制的能力及其生态和地理条件。”从新世纪中国第一个10年发展来看，中国经济实力尽管取得了极大提升，但是中国社会转型正在进入一个历史、文化、政治、经济、思想、伦理等各种问题交织并发的特殊阶段，中国政府正面临前所未有的国内外各种压力。在这样一个社会快速变迁的关键阶段，通过政府管理创新提高中国政府能力，既关系到当前国家安全团结，又决定未来中国科学发展能否顺利实现。

美国著名管理学家德鲁克把创新定义为赋予资源以新的创造财富的能力的行为。他把创新分为两类：一类是技术创新，它在自然界中为某种自然物找到新的应用，并赋予新的经济价值；另一类是社会创新，它在经济与社会中创造一种新的管理机构、管理方式或者管理手段，从而在资源配置中取得很大的经济价值与社会价值。前者以科学技术的创造发明为基础，后者却并不一定需要具体什么样的科学技术，但社会创新的难度往往比技术创新的难度更大，其对社会发展产生的作用和影响要比技术创新更强。在现代社会创新中，相比企业创新和个人创造，政府创新更加具有宏观性和导向性，政府改革与创新往往会引领社会整体性变革，推动社会向前进步。

政府创新所产生的推动力就表现为政府对社会的全面管理能力，从这个意义上讲，政府创新是手段，提高政府能力是政府创新的根本目的和基本要求。

马克思主义认为，政府是统治阶级为了维护自己阶级利益，以暴力机构为后盾，镇压被统治阶级反抗，维护社会公共秩序，管理社会公共事务的公共组织。美国学者 G. A. 阿尔蒙德认为政府能力是政府能否成功适应环境挑战的程序，具体来说，政府能力是建立政治行政领导部门和政府行政机构，并使它们拥有制定政策和在社会中执行政策，特别是维持公共秩序和维护合法性的能力。在寻求民族独立的革命战争年代，中国政府的能力更多地体现在政治组织和军事斗争等非经济发展能力方面。改革开放 30 多年来，中国政府向国内外展现了推动经济增长、提高人民生活水平等经济发展能力。随着中国改革发展进入攻坚期，以及融入全球化进程的加速，中国政府必将面对一系列新的挑战，这些挑战实质上就是向中国政府领导科学发展能力的宣战。

2007 年我接受世界银行委托项目：“21 世纪政府能力培育”课题。2008 年课题完成后，我重新思考了自己从事新公共管理学研究过程中的一些想法，努力在公共管理与政府能力问题上找到新的理论结合点，以期突破长期困扰我的关于体制改革的一个思考，即为什么中国政府改革近年来越来越滞后于经济社会发展的进程和国民公众的要求。改革开放以来，中国政府改革应当说在职能定位上已经十分清晰，但是在改革方式上却陷入“重形式，轻能力”的困境，造成每一轮政府机构改革前期轰轰烈烈，后期偃旗息鼓，不少部门尽管重新改换了门庭，但功能与作用仍旧囿于原型，个别政府部门宏观管理能力还出现了弱化与退化。

基于以上思考，结合近年来在中共中央党校从事公共管理学研究和教学的心得，我完成了《政府管理创新与能力建设》一书，提出未来中国政府的改革应当从部门职能反复调整和行政权力过度膨胀的循环往复中，转变到以政府管理创新和培育政府能力为重点的实质性改革上，逐渐形成适应现代化和全球化要求的新型政府治理模式。由于个人学术积累有限，书中研究定会存在诸多不成熟的地方，敬请学界前辈和同仁不吝赐教。本书完成过程中，参阅了较多已有研究成果，受篇幅限制，这里不一一列出，借此对各位作者表示衷心感谢。

李　鹏

2010年6月于中央党校

目 录

上篇：理论篇

下篇：实践篇

上 篇

理 论 篇

第一章　政府管理的官僚制度模式

第一节　政府管理概论

政府是人类文明发展的产物，在现代社会中具有举足轻重的地位，对社会发展起着关键性不可替代的作用。

一、政府的起源

在人类生活最初的原始社会，生产力水平极为低下，人们以血缘关系为纽带，共同劳动，共同消费，实行原始民主管理，没有国家和政府。到了原始社会后期，生产力水平有所提高，产品有了剩余，私有制开始出现；以占有剩余产品和社会财富的多寡为界线，社会成员开始分裂为对立的阶级；氏族或部落的公共民主管理逐步变为奴隶主的统治结构，并逐渐形成一套管理国家事务的机构。于是，国家成为维护统治阶级利益、实施阶级压迫和社会管理的机器，成为从社会中产生但又自居于社会之上并且日益同社会相脱离的力量，政府作为国家机器的主要组成部分得以确立。譬如，古希腊的雅典设立议事会管理国家，设置执政官和其他官员掌管各行政部门和司法事务，并建立国民军抵御外敌和压迫奴隶。中国古代从夏朝奴隶制国家开始，建立实行政治统治和社会管理国家的政府机构。

人类历史上第一个阶级社会所建立的国家和政府是奴隶主阶级的国家和政府。在从原始社会向奴隶社会转变过程中，由民主选举产生的酋长或首领，在掠夺奴隶和财富的频繁战争中，逐步加强了自己的权力，最高军事首长变成了世袭的君主，下级军官变成了世袭的贵族。世袭的君主和贵族将原来不具有私人和压迫性质的氏族社会管理机关，变成了谋取利益和压迫奴隶的机关，并设置军队、监狱等镇压奴隶反抗的暴力机器。后来，封建社会代替奴隶社会，地主阶级的国家取代了奴隶主阶级的国家，政府的性质相应地发生变化。资本主义社会代替封建社会，建立了资产阶级的国家和政府。封建主义和资本主义相对于它们各自的前一形态社会而言，性质都发生了变化，是历史的进步。但就它们的剥削阶级性质来说，却没有发生根本的变化。

由上可见，政府的起源与国家的起源密切联系，中外历史关于国家与政府的起源理论较多，比较有影响的是：

1. 中国先秦诸子的“止争论”。他们认为立政在于止争，即为了趋利避害而立刑政，政治之目的在于利民。墨翟主张“尚同”，认为社会需要有统治者“一统天下之义”，“古者民始生，未有刑政之时盖其语，人异义。是以一人则一义，二人则二义，十人则十义，其人兹众，其所谓义者亦兹众。是以人是其义，以非人之义，故交相非也”。社会没有统一的标准，人们各是其义，就会杂乱无章。人们为了生存下去，就需要“尚同一义”，“选天下之贤可者，立为天子”，于是便出现了“刑政”。韩非则认为，远古之时人少力薄，为战胜禽兽、疾病，获得食物，必须有圣人出，“使王天下”。

2. 以亚里斯多德为代表的自然论。亚里斯多德认为政府起源于人类倾向于过社会生活的本质和维护秩序、控制社会的需要。政府的形成和发展是与社会的形成和发展同步的，它是由家族的父权扩大形成的。

3. 以霍布斯、洛克、卢梭为代表的社会契约论。他们认为政府是人们为摆脱自然状态的不便而自愿订立契约的结果，其目的是为了保护人们的生命、自由和财产。如洛克认为自然状态是一种完备无缺的自由状态，人们在自然法的范围内过着和平、宁静、平等的生活，每个人都有不可侵犯的自然权利，人们决定自己的行动，处理自己的财产和人身，无须得到他人的许可或听命于他人的意志，人们有权保卫自己、惩罚犯罪，并在受到伤害时索取赔偿。但人们在自然状态下也有种种不便之处，他们缺乏确定的法律、公正的裁判者和执行正确裁决的权力，当其成员受到损害时，得不到申诉和裁决，往往导致战争。因此，人们为了摆脱自然状态的不便，防止战争，就应放弃自己的全部或部分自然权利，将它们让渡给一个公共机构——政府。实际上，代表公共权力的政府是人们按照理性原则形成的社会契约，是人们之间自然权利的相互交换和转让，“人们联合成为国家和置身于政府之下的重大的和主要的目的，是保护他们的财产”①。

4. 社会分工论。以摩尔根为代表的近现代人类学研究认为，政府起源于社会分工，政府是公共事务的管理从一般社会活动中分离出来并逐步制度化的结果，政府的出现表现人类政治分工的开始。

5. 马克思主义认为政府作为统治阶级行使国家权力、实施阶级统治和社会管理的工具，是随着私有制的出现、阶级和国家的产生而产生的。

二、政府的概念

政府是指国家进行统治和社会管理的机关，是国家表示意志、发布命令和处理事务的机关，实际上是国家代理组织和官吏的总称。政府的概念一般有广义和狭义之分，广义的政府是指行使国家权利的所有机关，包括立法、行政和司法机关；狭义的政府是指国家权力的执行机关，即国家行政机关。

中国古代实行君主专制制度，皇帝集立法、行政、司法等大权于一身，皇帝之下一般设丞相或宰相，辅助皇帝处理政务，是皇权的主要执行者。从唐开始将宰相治理政务的处所称为政府。《资治通鉴》记载：“李林甫领吏部尚书，日在政府。”《宋史·欧

① 〔英〕洛克：《政府论》下篇，商务印书馆 1996 年版，第 77 页。

阳修传》记载："其在政府，与韩琦同心辅政。"封建王朝的政府，不仅是一种执行和管理机关，也是一种统治机关，实际上承担了国家的立法、行政和司法的具体事务。近代民主革命的先驱者孙中山先生将国家权力分为民权和治权。民权包括选举、罢免、创制和复决四种权力，治权包括立法、行政、司法、考试和监察五种权力。

在西方，人们对政府的理解也不尽相同。古希腊著名思想家亚里斯多德把政府称为"公务团体"，指一个城邦"最高治权的执行者"，或"全邦人民共同利益的照顾者"①。近代英国思想家洛克认为，政府是"人们通过协议自愿联合的共同体内和平、安全和公众福利的保护者，是人们一致同意让渡的立法、司法和行政权力的执行者"②。法国思想家卢梭指出："政府就是在臣民与主权者之间所建立的一个中间体，以便两者得以互相适合，它负责执行法律并维持社会的以及政治的自由"③。现代美国政治学家威尔逊认为，政府是国家的机器，是社会控制的杠杆。目前，我国使用的政府概念，在理论上和实际上一般都是从狭义角度理解的。

三、政府的属性

政府的属性是指政府的本质特征，由于政府是国家的代表，是国家机器的主要组成部分，因而国家的性质决定了政府的性质，国家的属性决定了政府的属性。国家是实施阶级统治和压迫、进行社会控制和管理的机器，任何国家都具有阶级压迫和社会管理的功能，也都具有阶级性和社会性。政府是陈述、表示和实施国家意志的代理机关，政府也就具有阶级性和社会性。

① 〔古希腊〕亚里斯多德：《政治学》，商务印书馆1965年版，第133页。

② 〔英〕洛克：《政府论》下篇，商务印书馆1996年版，第80页。

③ 〔法〕卢梭：《社会契约论》，商务印书馆1996年版，第76页。

政府的阶级性是指政府提高暴力机器敌对阶级和敌对势力，镇压被统治阶级和敌对分子的反抗，巩固和保卫国家政权。从根本上说，政府的职能是代表统治阶级实行政治统治和管理公共事务。在任何国家，实行政治统治的军队、警察、法庭、监狱等暴力机器都由政府直接指挥，政府对社会公共事务管理也体现着统治阶级的意志。剥削阶级国家的政府还有可能用暴力来侵略别国、扩张领土和掠夺财富。

政府的社会性是指政府对社会公共事务进行的管理。管理社会公共事务的任务，不仅是伴随政府的存在而长期存在，而且在政府诞生以前和政府消亡之后也依然存在。人类社会发展的历史表明，先有社会公共事务的管理，后有国家和政府。国家和政府是凭借管理社会公共事务而发展成为特殊机构的。国家和政府建立之后，并没有取消对社会公共事务的管理，相反，随着社会的发展，管理社会公共事务的任务越来越多，政府的职能和规模也越来越大。

政府还有自律性，即政府权力、职能、规模和行为都受到法律限制，并有公开接受社会监督的自我约束机制。虽然政府需要垄断强制性权力来进行政治统治和为社会经济发展提高坚实可靠的保证，但它的强制性和管理性职能必须加以控制，使政府机构和公职人员不得干预公民个人的政治和社会自由，保护公民的合法权益。法国著名思想家孟德斯鸠指出："一切有权力的人都容易滥用权力，这是万古不易的一条经验。有权力的人们使用权力一直到遇有界限的地方才休止。"① 如果政府权力和职能无限扩张，过多地从事可以由社会或市场自己承担的事务，或将政府的权力深入到属于个人生活的私人领域，使社会或个人失去自我服务和自我管理的能力，这样的政府管理不仅不能解决市场"失败"，而且往往导致政府"失灵"，不可能实现廉洁高效的管理。只有对政府的权力和职能加以法律规定，限制其从事本该由社

① 〔法〕孟德斯鸠：《论法的精神》（上），商务印书馆 1998 年版，第 154 页。

会、市场和公民自我服务和管理的具体事务，才能使政府真正做好制定法律规范、维护社会秩序、提供公共服务和基础设施的本职工作，有效地管理社会公共事务，推动社会经济发展。

四、政府管理、公共管理与商业管理

政府管理是指政府特别是执行机关为公众提高服务的活动，行政官员或行政人员在这种活动中主要是执行由别人（政治家）所制定的政策和法律，关注的焦点是过程、程序以及将政策转变为实际的行动，并以内部定向关心机构和人员以及办公室的管理。公共管理是以政府为核心的公共部门，为实现公共利益依法对社会公共事务进行的有效管理，公共管理突出以政府为核心的公共部门在公共管理中的主体地位。

我国绝大多数学者把“公共管理”视为“政府管理”来理解。如有人认为：“所谓公共管理是指政府为促进社会整体协调发展，采取各种方式对涉及社会全体公众整体生活质量和共同利益的一系列活动进行调节控制的过程”①；有人认为：“公共管理学是一门研究公共组织尤其是政府组织的管理活动及其规律的研究，或定义为对公共组织如何有效地提高公共物品的研究”②；还有人认为：“公共管理只限于指政府工作的狭义的公共管理（也是狭义的行政管理），而不限于指政府工作的广义的公共管理（也是广义的行政管理），如公共事业和所有其他非政府部门、单位的公共事务的管理都不得越过其所管辖的范围和事项”③。

政府管理与商业管理之间有许多共同之处。正如沙雷（Wallace Sayre）所言，“商业管理与政府公共管理在所有不重要的方

① 张良主编：《公共管理导论》，三联书店 1997 年版，第 5 页。

② 陈振明主编：《公共管理学——转轨时期我国政府管理的理论与实践》，中国人民大学出版社 1999 年版，第 1 页。

③ 夏书章：《现代公共管理导论》，长春出版社 2000 年版，第 7 页。

面都是相似的”。从大的方面看，二者都属于管理的范畴；从小的方面看，它们的构成要素和职能基本相同。任何一些管理活动都离不开管理主体、管理对象、管理目的、管理职能和管理方法，任何组织的管理都包含了合作团体的活动；而且不管是政府部门、大学、医院，还是工厂和商业企业所有规模较大的组织，都必须履行一般管理职能，如决策、组织、领导和控制等。

政府管理与商业管理的差别主要表现在以下几个方面：第一，管理的目标不同。政府管理的目标是实现公共利益，它不以营利为目的。政府管理的这种导向缘于行政官僚帮助选举政治家满足公众对政府服务所提出的愿望和要求，缘于非政府公共部门的使命。尽管在某些方面，政府管理的主体在提供公共物品或公共服务的时候也会收取一定的费用，但这并不改变政府管理的非营利的社会属性。私人部门或组织最终要依靠获利而生存，因而商业管理以利润为导向，他们通过生产或销售产品和服务，追求利润的最大化。第二，责任机制不同。在私人商业组织中，权威和责任的划分是比较明确的。在政府中，诸如运作的规模和复杂性，对官僚机构加以政治控制的要求，对一致性和协调的寻求等一类的因素导致了责任机制的扩散，这种扩散加深并复杂化了公共决策的过程。第三，资源基础不同。在政府管理中，管理主体实施管理活动的必备前提和手段是公共权力，作为公共管理核心主体的政府部门所掌握、运用和消耗的物质资源和自然资源都是公共的，所需要的经费预算也主要是来自政府的财政收入，其财源基础是公共财政。在私人管理中，它的权力基础是来自私人部门作为一个组织所具有的力量——私权利，其赖以生存的物质基础是其在市场竞争中所获取的利润。第四，人事管理制度不同。与商业部门的人事管理制度相比，政府部门的人事制度更复杂、更严密。通常情况下，政府公务人员的选拔制度要比私人商业部门条件更高、程序性更强，对政府公务人员的解聘要比对私人部门的雇员解聘困难得多。第五，受政治环境影响程度不同。政府管理的运作是在政治环境中进行的，决定了管理活动受到政治环境更大、更直接、更深的影响，与商业管理相比，具有明显的政治性或公共性的特征。

五、西方国家政府管理模式发展演变

在自由资本主义时期，西方各主要市场经济国家奉行亚当·斯密的自由主义经济理论，相信“管得最少的政府是最好的政府”，政府职能被严格定位于保卫、防范和保护上，即保卫国家的领土主权，防范个人和企业在追求自身利益时发生损害社会的行为，保护私人财产不受侵犯和市场机制免受破坏。除此之外，政府对公共事务，尤其是对经济事务基本上采取不干预政策。学术界将这一时期的政府角色形象地比喻为个人和国家财富“守夜人”形成了“保护型”或“保守型”政府职能模式。在这种模式中，政府虽然是国家、市场和私有财产安全的不可缺少的因素，但其管理作用却是极为有限的。

政府管理的干预模式又称官僚模式、科层模式，是一种政府依靠庞大的官僚组织对社会生活进行全面干预并垄断公共管理过程的公共管理模式，在这种公共管理模式下，市场对公共管理的参与是间接的。政府管理干预模式的理论基础是20世纪20年代德国学者马克斯·韦伯设计的“官僚模型”。20世纪二三十年代爆发于西方资本主义国家的世界性经济危机，宣告了“自由放任”、“自动调节”信念与实践的破产，为政府对公共事务、经济事务的全面行政干预提供了空间。首先是美国总统罗斯福采纳著名经济学家凯恩斯的学说，实施“新政”，使美国经济迅速好转。第二次世界大战后，许多资本主义国家政府纷纷效法美国，积极干预经济，形成了公共管理的干预模式。干预模式强调政府对经济和企业的全面控制，强调公共服务的政府独家供给，市场的作用则大大弱化。

政府管理的干预模式在其后30余年的发展中，由于政府行政环境的大幅度变化而逐渐显露出一些弊端。首先，从政府组织本身看，干预模式下的政府组织，由于严格的层级节制关系，导致整个政府组织的刻板僵化与动作迟缓，使政府难以灵活主动地应对瞬息万变的信息社会、竞争活跃的市场经济和利益多元的公众期望，大大影响了政府基本功能的发挥；由于机械的专业部门分工，导致政府机构林立，增加了政府管理成本和协调沟通困难，降低了行政效率；由于人员的终身从业制度，导致行政人员循规蹈矩、唯上是从，缺乏创新精神和社会责任感。其次，从政府与社会的关系看，干预模式下的政府由于垄断了公共服务的供给过程而使自身负担沉重，不仅降低了政府公共服务的供给能力，使政府在公共服务过程中捉襟见肘，而且使政府组织外的其他社会组织，特别是社会中介组织（社会保险、劳务、律师、公证、信息等咨询服务机构）全面萎缩。

20 世纪 70 年代以后，西方市场经济国家出现了以低经济增长、通货膨胀、财政赤字和高失业率为特征的“滞胀”现象，促使人们对于建立在凯恩斯理论基础上的干预模式进行了批判性反思。针对公共管理干预模式的弊端，自 20 世纪 80 年代后，西方各主要市场经济国家进行了“再造或重塑政府”行政改革，一方面是对传统政府组织、文官制度、行政程序、行政方法以及权力体制的改革，使政府组织自身的状况与功能得到改善；另一方面则通过国有企业私有化、公共事务民营化、政府业务合同化等措施，使政府与社会的关系得到调整。经过 10 余年的改革，20 世纪 90 年代后，西方各主要市场经济国家的政府基本上实现了政府管理从干预模式向市场模式（Market Model）的转变。

政府管理的市场模式是一种政府与市场分权、政府与市场共同参与公共管理过程的公共管理模式。在这种公共管理模式下，政府不再垄断公共服务的供给过程，市场对公共管理的参与是直接而非间接的。在这种模式中，政府的公共管理职能得到强化，政府与社会、政府与市场的关系得到调整，政府不再垄断公共服务的供给过程，而是通过政府与市场的分权，充分发挥市场的作用和力量为公众提供公共服务，使政府的公共服务供给能力大大提高。

第二节 官僚制度与政府管理

政府管理的理论政治基础是官僚制度理论，它甚至经常成为政府体制和管理方式的代名词。

一、官僚制度的形成

提起官僚制，一般都会想起马克斯·韦伯所论述的官僚制度，这其实是说的现代意义上的官僚体制，主要是指依据法律行使权力，有着严密分工和层级结构，并由相对稳定的专业人员履行各种公共职责的行政组织。这种行政组织并不是从来就有的，而是孕育于封建社会末期，形成于工业资本主义时期的一种新兴组织。

在古埃及、古罗马帝国和古代中国，特别是实行科举制度以后的中国封建社会，都存在着一种和现代官僚制度类似的行政组织，如有分工和层级结构，有一个稳定的职业的官吏队伍等。但这都不是现代意义的官僚制，其中一个最重要的区别就是它们都不是以法理型权威为基础，而是以人治为基础。至于欧洲封建社会，在很长一段时期内根本不存在这种相对独立的行政组织。各级封建主都把自己领地的管理看作自己的家（私）事，因此，当时所谓的官员就是“家臣”。这种家臣与其说是服务于公共事务，不如说是服务于封建主的私人事务。再加上当时的各种地位是世袭的，所以西欧封建国家政权的一个特点是公私不分，也即人们不把国家看作是一种公共组织，不把管理看作是公共活动，因此，也没有什么公共职务和公共行政。

到了封建社会末期，随着封建专制君主制的发展，地方封建领主的权力逐渐集中到国王手中，政府的事务逐渐增多并日益复杂，于是，原先服务于封建领主的家臣也就逐渐变成一个日益庞大、日益具有相对独立性的官吏群体。与此同时，专制君主为了摆脱封建贵族的制约，开始雇用一些教士来从事行政工作。后来，由于教会和世俗统治者的冲突，统治者又雇用一些法学家为其服务。资产阶级革命以后，特别是到了 19 世纪末期，经过大学训练的法学家和人文学家就完全代替了教士，成为官吏队伍的主体。这时的官僚队伍不再被看成是为统治者私人服务的“家臣”，而是成了履行公共职能、管理公共事务的行政官员。这时的官职也不再被看成某些家族的特权和谋取家庭私利的手段，而是成了承担着公共责任的一种公共职务。这个转变过程经历了长期而复杂的斗争。在资产阶级革命成功最早的英国，直到 1870 年才把通过竞争性考试录用行政官员和根据功绩给官员以晋升，变成一种正式的制度。美国则是到 19 世纪末、20 世纪初才经过西奥多·罗斯福、伍德罗·威尔逊和路易斯·布兰代斯等一批进步党人的斗争，结束了用政府职位作交易的任人唯亲制度（即政党分肥制），创立了现代意义的官僚制。这种制度的创立在一定程度上限制了美国历史上利用公共职务谋取个人和党派私利的腐败现象。

“官僚制”一词英语中叫“bureaucracy”，这个词同时又当“官僚主义”讲。作为“官僚主义”，它主要指的是一种工作作风和工作态度；作为“官僚制”，则主要指的是一种组织和体制。在 19 世纪的欧洲，这个术语最初以贬义的意义（即官僚主义的意义）开始在各国使用。当时，这些国家的自由主义者用这个术语去斥责专制政府官员的繁文缛节、狭隘头脑与专横态度。从此以后，不论什么党派或信仰的人都开始用这一术语批评以下这些官场现象，如丝毫不管具体情况的僵硬规章与例行公事的态度，不能清楚地分配责任的复杂组织，指令矛盾、办事重复、愚蠢忙乱的官员，办事拖拉、推卸责任、冷漠无情的工作作风，自命不凡、武断专横、高高在上的官僚架子，等等。

最早从中性的意义上使用 bureaucracy 这个词，并把这看作是一种组织和体制（官僚制）的，是 19 世纪末、20 世纪初的德国社会学家马克斯·韦伯。他根据权威的不同形式来划分组织的类型，并且把权威和行政密切地联系在一起。他认为人类历史上有三种权威模式，第一种是“卡里斯马（charisma）型权威”（意译为“超凡魅力型权威”），即以领袖人物个人的特质和吸引力为基础的权威。像军事领袖、深得民心的党派首领以及宗教创立者，就是这种权威人物，他们的英雄业绩或神奇故事鼓舞和吸引了大批的追随者。第二种是“传统型权威”。这种权威建立在这样一种观念基础上，即认为替那些行使权威的人提供地位和权力的是神圣不可侵犯的传统。也就是说，它是把“过去存在的”就看作是“合法”的，如封建王朝的家族统治，就是以过去的统治事实作为现在统治的合法性基础的。第三种是“法理型权威”。这种权威的合法性基础，既不是个人的优异特质，也不是历史传统，而是合法建立起来的不以个人为转移的一套法规，这套法规（律）是一些合理性的形式规则，代表着一种体现共同利益的普遍秩序。在这里，服从权威就是服从法律（的权威）。

这些说明，官僚体制是人类历史长河中仅有百十年历史的一个新事物。它的产生一方面反映了随着工业化的发展和城市的增长，社会公共事务日益增多的现实需要；另一方面也反映了大众对凌驾于公共利益之上、干扰公共事务处理的亲缘关系和党派利益的抵制。官僚制通过确立法律的统治与排除宗法关系和党派利益的影响，通过内部严密的分工和行政官员的专业化，大大改善了政府对社会的管理，也促进了西方福利国家的发展。

二、马克斯·韦伯的官僚制度理论

马克斯·韦伯是西方现代官僚体制理论的创建者，他的名字是与官僚体制相连的。马克斯·韦伯把法理型权威（即法治）看作是现代文明的基石，并且以此为基础阐述了他的官僚制理论。

20 世纪 20 年代，韦伯提出“官僚理论模型”。他认为官僚应依法行事，应严格、统一、高效。机构内的人员行事不涉及爱憎，不针对个人。现代文明的进步和“官僚制模型”完善是携手并进的。按照韦伯的理论，“官僚制模型”有如下的特征：一是固定的官员管辖权原则。即在政府中每个官员有固定的职责，在职责和固定的范围内有权发布命令。二是机构等级制度和多层权力机构原则。即在政府中，有一个严格的上下等级体制。三是机构的管理建立在书面文件的基础之上，即政府中的各项活动都有说明书并按照文件的规定进行。四是机构中的官员都要充分发挥自己的工作能力。五是在机构中工作的各级官员，只要能胜任工作，则应保证终身雇用，能领取固定薪金和老年保障金，使官员的收入具有高度的安全性并得到社会的尊重，使担任公职成为人们追求的职业。

韦伯给予官僚制以极高的评价，他认为现代资本主义的出现是与官僚制不可分离的，尽管企业家占有生产手段，市场的自由、理性的技术、可预测的法律、自由劳动力、经济生活的商业化等也是资本主义存在和发展的必要条件。但在这所有条件中，官僚制的意义是最为关键的，正是官僚制才使经济行动得以收到预期效果的基本前提。韦伯写道：资本主义形式的工业组织，如要合理运用，就必须能依靠可预测的判断和管理。无论在希腊城邦时代，或者在亚洲的宗法制国家和斯图亚特朝代的西方各国中，这个条件都不具备。皇家的“虚伪的公正”连同它的加恩减免，给经济生活的测算带来了无穷的麻烦。官僚制却不同，它的目的合理性使资本主义的工业组织得以合理运行。

所以，可以看出，韦伯对传统的旧官僚主义式的官僚制是持否定态度的，他所极力构建的是合理性的现代官僚制。但是，正是在对传统官僚制的比较研究中，他才找到了现代官僚制合理性的内容。在韦伯著名的官僚制比较研究著作《儒教与道教》中，我们可以看到，韦伯批评中国古代官僚制始终没有发展起现代官僚制的专业管理技术和作为现代官僚制合法性基础的合理法律制度等等。这种批评无非是要说明现代官僚制应当拥有技术优先的原则，并奠立在法律制度的基础上，从而获得合理性。当然，韦伯的比较研究并不是这么简单的，他要进一步地解释中国官僚制中没有发展出合理性的原因。这样一来，韦伯就深入到心理文化的层面来加以探讨。韦伯认为，中国的官僚制为什么没有发展出合理性，是因为作为中国官僚的士人阶层在家长制的条件下是以效忠主子为己任的，这种对世俗主子的效忠，如果是在诸侯纷争的情况下，官僚们会以自己的合理化的管理技术及其业绩来证明君侯身上的神性，而一旦诸侯间的争霸战争结束了，天下大定之时，士人追求管理技术的努力也就随着统一帝国的出现而消失。因为这个时候，官僚的管理技术和业绩不再是他争取权力和收入的最佳途径。与中国的情况不同，在欧洲，由于新教的原因，新教徒们为了证明自己是上帝的选民，以入世禁欲的方式从自身中发展出了合理的生活方式。因为，对“唯一绝对的上帝”的信仰促使他们不断地以自己的努力来证明上帝的神圣性。

尽管如此，韦伯还是努力探察中国古代政治合理化的因素。在他看来，中国古代的官僚与他们为之服务的君侯不同，他们具有彻底的世俗理性主义精神。最初在宗族家长制统治时代，世袭制官僚的主要活动就是围绕着王室经济和治水筑路等事务展开的。父权家长制的世袭制度有一种特殊教育制度，它表现为为了官员的那种勤务目的而进行“培训”的形式。这种教育同时也具有文学教育的性质，并且随着理性化的日益发展，它发展成为现代官僚体制的专门人才和“职业”理想。整个封建时代的列国争战，实际上是一种实力较量，官僚在政治结构中的地位取决于合理的治理手段和管理技术，以及他们对礼仪的掌握。除此之外，他们既没有真正意义上的宗教背景，也没有封建意义上的血统背景，所以他们只有期待从他们自己的服务中得到利益和提升。由于士人强调以个人在治理国家问题上的能力和功绩作为取得官职的必备条件，从而使得封建时代的知识分子阶层形成了一种影响深远的世俗理性主义，韦伯称其为“实践政治的理性主义”。这种理性主义的特征是它的世俗取向。也就是说，追求知识是为了谋求官职。如果说，封建诸侯国时代，“从政为官”是诸侯竞相争夺霸主地位的需要，为士人自身对权力和收入的追求创造了条件；那么，一旦天下归于一统，推进合理化的世俗动力（诸侯争霸天下）随即消失，出仕为官的目标就直接是为了俸禄。官吏就是掌握专门知识，为俸禄而工作的人。他们的目标从来也不会超越世俗利益，他们也根本不相信任何“彼岸”的力量。用韦伯的话来说，他们不是为政治而活，而是“靠”政治谋生的人。对于这些因素，韦伯都给予了充分的肯定。

当然，韦伯认为，合理性的官僚制只能发生在选择了法理型统治的理性国家之中，只有拥有了理性的法律，建立起了普遍法制观念，并有着货币经济、通讯和运输手段、先进的科学技术和专门的文职阶层，才能建立起合理性的官僚制。而所有这些条件都只有西方资本主义国家才具备，所以，在近代成长起来的西方资本主义国家成了合理性官僚制的发源地。这样一来，所谓合理性实质上是与西方资本主义联系在一起的。一方面，建立在新教伦理精神的基础上的传统官僚制包含着孕育资本主义的因素，而资本主义的发展又进一步提供了建立合理性官僚制的空间。可见，历史考察的目的在于现实，韦伯关于中国古代和欧洲官僚制的比较研究都是为他论证合理性的现代官僚制模式提供铺垫的。所以，一旦韦伯谈到现代官僚制就难以抑制地表现出一种乌托邦式的浪漫热情。他在合理性的前提下来描绘现代官僚制的模型，认为现代官僚制由于其明确的技术化、理性化和非人格化而表现出了它的合理性。

按照这种官僚模型建立的政府机构，层次结构分明，规章制度严格，职权职责明确，这样的政府机关“能够取得最高的效率，在这个意义上说，它是已知的对人类进行必要的管理的最合理的方法。它优于其他形式之点是其准确性、稳定性、严格的纪律性和可靠性”。这种制度，客观上在增强国家实力、保持社会稳定、促进经济繁荣和保持政府工作连续性等方面的确发挥了应有的作用。

马克斯·韦伯认为，官僚制度有以下特征：行政机构的权限范围是由法律来规定的；机关中的层级结构与按等级赋予权威的原则，使行政组织形成了一种牢固而有秩序的上下级制度，在这种制度中存在着一种上级机关对下级机关的监督关系；官僚制度把行政公务与私人生活明显地区别开来；管理人员通常都是经过熟练地培训的；公务的管理工作要遵循一般规律，有关这些规律的知识表现为官员们所掌握的一种专门技术性学问。这些知识包括法学以及行政或企业管理知识在内。与上述特征相适应，行政官员一般具有以下特点：担任公职变成了一种“职业”，因此，公职人员只对不因人而异的职务性目标（公共职责）效忠，而不是对某一个具体的人效忠；官员总是为一种“明显的社会地位”而奋斗，即总是不断地追求晋升，其社会地位由等级制度的规定来保证；官僚制下的官员是由其上级权力当局任命的；公共官僚机构中的官员身份是终身性的；官员领取货币工资，其工资按其在等级制中的地位划分等级，同时，官员一般也享有退休津贴。

韦伯的官僚体制思想具体体现为以下几方面内容：

1. 政府机构。

韦伯的公共管理思想是围绕着“理想的官僚行政机构”的研究展开的，政府机构的模式有以下特征：(1) 政府的职责是以一种连续的和经常的方式履行的。(2) 这些职责要根据职能划分为不同的方面，每个方面都要设立必要的行政当局和审批程序。(3) 官员被组织在明确按等级划分的部门体系中，分为不同等级。各部门（每一等级）有法定的、明确具体的管理权限。(4) 指导工作的规章既可以是技术性的也可以是法律性的。执行这两种规章都必须有受过培训的官员。技术资历在官僚组织中的作用日益增长，甚至政党和工会组织的官员也需要掌握专门知识，只不过这种带有经验主义的特征有时是非正式培训获得。(5) 组织机构的资源与个人掌握的资源有很大不同。(6) 官员不能滥用自己的权力。凡不构成现时任职者主要职业的职务和那些荣誉性职务，不属于官僚职务的范围，官员主要职务的权力不可作用于这些领域。任何权力都受到法律的约束，有其作用的合法的权限。(7) 公共管理以成文的文件为依据，这往往使政府机构成为现代组织的中心。(8) 公共管理系统的任务是由政治家决定的。韦伯认为这个官僚机构是公共管理的基础结构，是最完美的因而也是“理想的官僚行政组织”。

2. 专业化分工。

韦伯主张在公共管理系统中实行分工，管理人员要专业化。政府机构各部门在职能上专业化，独立处理属于本部门的事务，分别处理单项决策；各种工作人员的作用要有明显的区分，按明确的工作程序行事。这些是保证公共管理机构有效和安全运转的必要条件。

3. 管理人员内部管理——自由合同。

韦伯在他的模式中主张公共服务是一种职业，部门现职应该是任职人的唯一的或至少是主要的职业，管理者只是在一种职业即完成各项管理任务，要根据这样的观念来建立公共管理机构。管理人员作为个人是自由的，人员与组织之间有一种合同关系，因而是一种自由选择关系，但是受所处职位职责的制约。

韦伯强调人员的任职是通过任命而非选举，同时人员的晋升亦应取决于上级的判断。任命制度越充分，这样使管理者的前途越依赖于上级的判断，官僚制权威的作用越大。

管理人员领取固定的工资，一般还有领取养老金的权利。工资额大小按照商定的合同，根据他所承担的工作量来确定。公共管理机构资源的使用和按照合同向管理人员支付工资是两回事。政府资金的使用要严格按照各项规章办事，个人在工作中受严格制度化的纪律约束，官员除领取固定薪水外，允许个人获得其他收入即“福利”，接受福利则意味着取得收入的机会和地位，但利用组织机构资源出租或出售职位和以权谋私不属于纯粹的官僚制度。韦伯模式的宗旨在于确保管理者的个人目标和他所承担的公职之间要明确分开，管理者存在个人职业发展的机会，有一套以资历或成就或同时以这两方面为依据的晋升制度。

4. 公共管理的合法性和效率。

韦伯将公共管理系统的两个根本目标结合到一起，这两个目标是：要遵循保护公民权利不受侵犯的法律程序，以及用最小的代价取得最大的绩效所必须的有效管理行动，亦即合法性与效率。因为公共管理的一个基本职能是保护社会稳定，把社会上的暴力行为减少到最低限度，并保证每个公民能预测到他作为一个有权利义务的实体在社会相互作用的过程中是得到承认的。合法性和公正性是对公共管理的基本要求，与此同时公共管理还必须按照一定的标准使用权力资源，为公众提供合乎其需要的公共物品和服务，这就是管理机构的效率。

5. 政治与管理分离。

韦伯强调政治与管理应分离开来，因为管理毕竟是一种中立的手段，尽管它可以用于促进不同政治目标的实现，而政治则必然要涉及种种价值观念，价值观念冲突的管理是一种实践的艺术。它以对各种价值观念保持中立的人们组成一种机构实体为基础，管理就是如何办事，而政治则是对各种重要的社会问题做出决策，所以国家政体的变化和执政党的更替不需要调整管理机构，管理机构会严格在法律的范围内按照既定的程序规则办事，而不管执政的政治家所确立的社会目标如何。管理与政治分离保证了公共管理系统的稳定性和连续性，可以按照自己的运作方式行事，使管理人员只对他们的上级负责。倘若公共管理系统没有相当的自主权，管理人员就不可能对自己的管理活动负责，在韦伯看来，政治与管理的制度化有助于把公共管理当作一种固定职业，当作一种对价值观念保持中立的事务性工作。

二战后，西方社会的稳定、繁荣和发展，应该说都有官僚制度的功劳。不过，西方社会福利国家的发展，也扩大了政府的职能和管理的范围，并因而也大大地扩大了政府的官僚机构和官僚队伍。以美国为例，在全国2亿多人口中就有1510万名专职文职公务人员，平均十几个人中就有一个公务人员。于是，随着官僚机构的急剧膨胀，官僚制自身固有的弊端就日益明显地暴露出来。

三、官僚制度下的政府管理模式

马克斯·韦伯的官僚制度理论奠定了公共管理的理论基础，确立和形成了政府行政管理理论的主要基石：

1. 任何政府（此处为广义）系统必定有一个单独的权力主导中心；一个社会的政府必受那个权力中心所控制，权力越分散，它就越不负责任。在这里，官僚制模式拒绝了“三权分立”思想。

2. 政府被分为两个领域：一种是政治领域，即政策和法律的制定过程，其中包括民主的种种程序如意见表达、投票和政党等；另一种是行政领域，包括法律和政策的执行。政治为行政设定工作，行政在政治范围之外。

3. 与政治追求民主不同，行政则视效率为其价值尺度中的头号公理，即以最小的投入获得最大的效果，这种效率的取得依赖于依据技术理性而设计的正式的政府组织机构——官僚体制，它是“良好”行政之普遍组织原则。

4. 官僚体制是由接受政治监督、领受薪金的职业官员（公务员）所组成的独裁等级体系。“官僚制本身纯粹是一种精密仪器”，行政人员犹如每个齿轮、杠杆和螺丝钉都各自固定在那里。与此相应，整个政府系统由条块分割的“鸽笼式”的专业化单位来解决不断出现的新老问题。因此，官僚机器如同企业般按照“标准件”提供公共产品。

从纯技术的观点看，韦伯式的行政管理制度可以使组织获得最高效率，韦伯称之为“已知的对人群进行强行控制的最理性手段”。官僚组织在精确性、稳定性、纪律性和可靠性等方面优于其他任何组织形式，它使得组织领导和与组织相关的人有可能计算工作的结果，在行政目标的实现上具有极大的优势，可正式用于各种不同的管理业务。

现实中可以看到大量的官僚组织形式，如政府、军队、政党、企业、推动各项事业发展的组织、民间协会、俱乐部以及其他各行各业发展起来的公司集团组织，都可以说是官僚制管理的发展与延伸。官僚制管理的发展是现代组织的一个重要现象，它不仅广泛存在而且显示出强大的生命力：当受制于官僚控制的人们试图摆脱现有官僚组织的影响时，一般而言，唯一的办法是建立自己的组织，而这一新建组织同样会受到官僚化过程的影响而发生变化。以公众利益为目标的公共管理也促使现有官僚制组织继续发挥其作用，官员、雇员与管理手段的所有权分离、纪律和技术培训等保证了社会的有效运作，甚至当发生暴力革命或被敌国占领的情况下，官僚机器仍会像为原来的合法政府工作一样继续实施其职能。

韦伯的公共管理机构，“像大规模生产中的精密机器一样”，组织中形式上的非个人化精神占主导地位，不讲怨恨或情感，因此组织中没有慈爱、热情、友谊可言，提倡的行为规范是不考虑人的因素的明确职责。

传统行政管理模式把行政组织视为静态的、不受外在环境因素、尤其是政治影响的组织实体，因而只求效率行政，而非民主行政。这样，政府管理就被定位成一种纯粹的执行过程，除了行政结构中的高层官员以外，对于各个领导层次来说，不存在什么权力问题。行使职能时所需要的权力是随着上面的命令一级级往下传递的。但是，无论成文法还是命令，都不能给行政人员带来多于法律权威的任何东西。因此，政府管理不需要向社会负责，不需要对公众开放。于是公共行政就失去了民主政治角色与公共特质，渐渐简化成只重视管理技术与量化方法，而对于有关公共生活的根本价值、目的、伦理，甚至理论，均缺乏反省，并常常自我局限为政策执行与管理的工具，因而忽视了政府管理对民主政治价值的捍卫，与公民道德生活的提升信念与领导使命。

应当肯定，这种根据合理性原则而做出的设计，的确具有科学的客观的面目。但是，正是这个理想化的科学设计成了现代社会所有政府失灵问题的根源。

四、官僚制政府管理模式的理性批判

早在20世纪40年代，美国著名的社会学家默顿就曾分析过官僚制度的一些弊端，概括起来主要有以下几个方面①：

1. 官僚制度容易造成所谓的专业畸形。官僚制在官员的选拔上强调训练和技能，这对提高行政效率无疑有着巨大的作用。但这会同时造成另一种影响，即在情况发生变化的条件下，或在一种不断变化的环境中，如果官员缺少适当的灵活性，就会或多或少地导致严重的适应不良的反应。这种不适应性不仅产生于官员本身的专业限制，而且还产生于他的日复一日的常规工作的机械性，这种重复性的活动使他们形成了难以适应变化的特殊偏好和思想感情，造成了所谓的“专业畸形”。

2. 官僚制度容易导致目的和手段的颠倒。官僚组织依赖于高度的纪律性，即官员必须高度地遵从各种规章制度规定好的行为方式，以实现组织的目标。但是，这种遵守纪律的要求发展到一定程度会导致这样一种结果，即有可能使官员的情感从组织的目标转到组织规则要求的某些行为细节上，也就是会把实现目的的手段（规则、纪律）变成目的本身。这种情况在现实中主要表现为技术主义、形式主义、规章繁琐、程序复杂、机械僵硬、办事拖拉等官僚主义现象。

3. 官僚制度容易形成一种特殊的利益集团。官僚建立的是一个职业化的、相对稳定的官吏集团。这种制度虽然保证了行政官员的知识化、专业化，以及相对于党派纷争的某种独立性，但是这种独立性本身也使他们形成了一个特殊的既得利益集团。这种既得利益以及他们所特有的那种生活方式，使他们常常为了自己的集团利益而拒绝为顾客和民选的政务官员提供帮助，甚至抵

① R. K. Merton: “Bureaucratic Structure and Personality”, Social Forces, 1940, No. 18, pp. 560—568.

制后者提出的改革要求。在这种情况下，他们或者向政务官隐瞒信息，或者用纷至沓来的文件使政务官无法招架，直至使他造成错误，以此来保护他们自己的利益。

4. 官僚制度容易导致官员与公众的冲突。官僚制强调组织关系的非人格化，这虽然有利于克服“人情大于法”的不合理现象，但是，这种非人格化的发展往往会造成官僚与公众（或顾客）之间的冲突。因为官员们在仅仅依赖于一般抽象规则而行事时，常常会忽视个别情况的特殊性，忽视顾客的特殊要求。这就会引起顾客对官僚“骄傲自大”、“目中无人”的指责。

20世纪60年代，本尼斯（Warren G. Bennis）对组织理论进行了深入的研究，并对传统官僚体制提出了严格的批判，认为传统官僚制在“内适应”和“外适应”两个方面都无力应对。他列举了官僚制的七大缺点：妨碍个人成长和个性成熟；鼓励盲目服从和随大流；缺乏充分的裁决程序；内部沟通和创新思想受到压制、阻隔和畸变；由于互不信任和害怕报复而不能充分利用人力资源；无法吸纳科学技术和人才；扭曲个性结构，使职工变得阴郁、灰暗、屈从于规章制度的“组织人”。他认为，对官僚制的挑战将会来自两个方面：一是官僚制无法改变解决个人目标和组织的目标的矛盾冲突，找不到协调的工具。虽然可以从人的成长和人的满足等伦理道德出发来充实组织，纠正只注重生产效率的偏向，但也只具有缓解作用。二是更严重的挑战来自于环境，科技革命引起的环境变迁要求组织具有很强的适应力，其结果必然是官僚制的逐渐崩溃。未来的组织将是“有机—适应型”组织，具有下列特征：临时性，组织将变成适应性极强的、迅速变化的临时性系统；围绕有待解决的各种问题设置机构；解决问题要依靠由各方面专业人员组织的群体；组织内部的工作协调有赖于处在各个群体之间交叉重叠部分的人员，他们身兼数职，同时又属于两个以上的群体；工作群体的构成是有机而不是机械的，谁能够解决工作问题谁就发挥领导作用，无论他预定的正式角色是什么。本尼斯认为，有机—适应型组织不仅可以化解组织适应外在环境的问题，而且可以从根本上解决内部协调问题。①

从理论的根源上说，官僚制度自其产生时起就存在着内在的矛盾，成为其理论的致命缺陷：

第一，对理性的无上推崇导致非人格化与人性之间的冲突。官僚制主张技术理性统治一切，将“政府的活动仅限于行政上可以解决的技术问题”，于是官僚制成了一种“理性模型”。在理性模型中，行政人员是类化的，人的特质必须适应非人的角色，他们的忠诚只是奉献于非人格的和功能性的目的。于是，人就成了一架精密的机械力学机器中的齿轮、杠杆和螺丝钉。甲齿轮转一圈，乙齿轮按设计转两圈，快一秒或慢一秒都将导致系统的紊乱。既然一个齿轮只能随着其他齿轮转，再急再快也没有用，有时反而给其他齿轮找麻烦，于是各自皆不求有功但求无过，万一出了问题也是其他齿轮的转动引起的，不必负独立的责任。即使负责任最多也是系统内责任，系统外是奈何不得的。这样，行政部门内部就形成了一个刚性的系统，没有灵活性，没有主动精神，只有“齿轮”之间的被动。这种“机器”批量生产一模一样的“标准件”还可以，但是，人可不是一个模子里浇铸出来的标准件。事实上，自“启蒙运动”以后，人文主义的发展正是以尊重人的差异性和多样性为基础的。现实中的千差万别绝对不可能像齿轮转动那么简单。因此，官僚制实际上就面临着非人格化与人性之间的内在冲突，人在官僚系统内变成了纯粹的角色而与有着能动精神的人相分离。

在实践中，行为的合理性并不是现代组织生活的典型特征，尤其不是政府机构人员的典型特征。韦伯假定的“理性人”的特征是不现实的，这些特征可概括为：掌握了所有可供选择的行动及其后果的充分信息；始终致力于某种偏好，产生相应的结果；单一决策原则的运用，会导致一种消极的行动路线。对此，美国

① 朱国云：《韦伯官僚组织结构理论的新演变》，《国外社会科学》1995年第10、11期。

的经济学家和社会学家赫伯特·西蒙（Herbert A Simon）认为，公共管理人员只能达到有限的合理，而不能达到完全的合理。林特布鲁姆比西蒙进了一步，指出公共管理只能处理一些针对边际社会影响的次要决策。马奈和奥尔森则用新结构主义的观点来加以批判，他们认为韦伯模式中那些合理性的假定与公共机构的运行情况毫无关系，一般说来并不存在持续追求某种偏好的情况，也不存在管理技术方面的可靠知识。

第二，对效率的极端推崇导致目的与手段之间产生矛盾。官僚制把效率奉为公共管理的头号公理，而且效率只能在政治价值之外、技术理性之内去寻求，因此，这种效率只考虑以客观的、可以计量的方法来达到目标，亦即只追求手段的合理性，而不考虑这种效率的外部社会意义，即目的的合理性，这样只能使公共管理成为“牧民之术”而非为民的行政。这种效率至上的价值倾向单纯或主要是以组织绩效为标尺，来判断行政的优劣。但实际上，行政的价值观作为整个社会价值体系的一部分，应该服从和服务于公认的社会基本价值，如自由、正义、秩序、公平、民主等，这些有广泛基础的价值信念理应优先于传统行政理论所强调的效率价值。况且，政府公共管理不应仅仅视为公共目的的机械执行，同时也应被看作是公共目的的能动创造。因此，政府公共管理很大程度上在于促进公民社会所拥有的基本价值的实现。

这种效率至上的价值倾向以“工具性”价值观来冲淡“终极性”价值。这种价值倾向指导下的公共管理被简约成一套行政程序、管理技术和管理工艺在公共事务上的应用，其功能仅仅被定位于政策的执行。人们不再把效率看作是实现目标的一种手段，而是逐渐将其本末倒置，变成政府管理的价值本身。这种只重“技术合理性”和“工具合理性”却忽视“目的合理性”的研究使政府管理变成了一种纯技术性的学问，而对政府管理的根本价值与终极目标缺乏基本的反省、认同与内化，从而使政府行政始终经受着两大困扰，一是行政领域的寻租现象，最主要的表现在于市场等价交换的规则侵入政府行政过程之中，公共权力成为少数人谋取私利的工具和手段；二是公共权力的异化。突出表现在以实现公认的最高目的的手段变成了目的本身，如政府行政体系中的为实现公共目的而赋予的权力、职位，被一些人变成了自己的价值追求，变成了自我服务的垄断性资源。这种效率至上的行政价值观强调非人性化和客观化的所谓理性效率，促使组织对人与人之间的互动采取机械性的控制，个人只是惯性地服从并且专注于工作程序，人与人之间变成了工具般地相互操纵，以追求高效率地完成组织目标；而个人则失去了自我反思和自我了解的主体意识，缺乏创造精神和行政人格的健康发展，成为“效率机器人”，甚至造成组织成员与社会公众之间的疏远和隔离，进而失去了组织应该表现出的社会价值取向和责任感。

因为唯效率主义实际上意味着滑向总量的优先，这是一种机械性效率，然而，当把政府行政放到整个社会系统中时，其总量已不是唯一的衡量标准，还必须考虑到它的结构性，也就是总量的分配，考虑到效率与公共利益、个人价值、平等自由等社会价值观念的内在联系。达尔在《公共行政学的三个问题》一文中指出：与私人管理学相对照，政府行政学的预设不可避免地要将公共行政问题置于伦理考虑的脉络背景之中。因此，政府行政不能仅仅考虑基于技术理性的机械式效率，它必须面向社会，考虑社会目的。然而官僚制本身是封闭的，它并不需要向社会负责，于是目的与手段的悖论就难以避免了。

第三，官僚制度内部纵向的层级节制与横向的“鸽笼式”分工对效率的实现具有二重效应。官僚机构内部在纵向关系上，依赖等级结构在组织内部层层授权，上级对下级监督和管理，下级只能对上级负责，而上下级获得的信息又是不对称的，上级获得信息的渠道较多，下级获得信息的渠道较少，只有处在金字塔顶端的人才掌握足够的信息而做出熟悉情况的决定。横向关系上，由于强调专业化分工，随着新的问题不断出现，越来越多的行政部门被制造出来，专业隔离造成了部门之间“壁垒森严”，难以沟通，更不可能合作。因此，整个行政系统在纵向结构上呈现出“金字塔式”结构，而在横向上则是缺乏有机联系的“鸽笼式”结构，部门职能重叠却只能在金字塔的顶端相遇。这样，一个简单的问题也许要经过整个官僚主义的大迷宫才能在金字塔顶端做出判断，然后再沿着迷宫把指令向下传递，当指令到达基层时，各个“鸽笼”之间也许还要为管辖范围再争执一番。可见，官僚制固然适应了工业时代对政府职能专业化提出的要求，但按照专业化设计的政府模式并非必然单向度地提高行政效率，事实上，等级制和专业化本身对效率的作用就是二重的。官僚制下的指挥结构在缓慢运行的工业时代还能维持，然而到了后工业化时代，信息的变化多端越来越要求行政系统对外部的世界做出快速反应，等级制和“鸽笼式”结构却使这种反应愈发显得迟钝、笨拙，以至于常常错过最佳的行动时机。

在集中与分散的问题上，韦伯主张公共管理系统要实行等级制和集中制，例如：在宗教组织和军队中，各级管理者在权力的范围内拥有绝对的权威，这两个组织都具有很高的效率。但是一些现代组织理论的行为分析理论提出了质疑，如威廉斯认为公共管理系统应该实行广泛的分散，因为分散的结构更容易适应形势的变化，能调动地方积极性，增加灵活性，他认为从实践来看如果一种管理体制越集中，则政策失败的可能性就越大，因为高高在上的领导层很难使政策目标符合变化着的地方实际情况。埃尔默甚至认为成功的公共管理的先决条件是要反其道而行之，即委托基层单位对种种公共政策的目标和手段进行重新解释和改造。

第三节　社会转型与官僚制度改革

一、后工业社会对传统官僚制度的冲击

美国组织理论家本尼斯曾经认为：从 20 世纪 60 年代算起的

20～50年里，人们将目睹并亲自参加官僚制的送葬队伍。官僚制度之所以受到如此强烈的攻击，除了本身存在的缺陷之外，也还与西方社会的后现代主义思潮的扩张和后现代社会特征的日益明显有着很大的关系。

后工业社会一般是指工业化以后的社会，美国的丹尼尔·贝尔（Daniel Bell）是第一位系统提出后工业社会理论的学者。丹尼尔·贝尔是美国当代最有影响的社会学家和未来学家。在当代西方学术界，贝尔的名字始终和三个颇具影响的“大观念”紧密相连，它们是：意识形态的终结、后工业社会和资本主义文化矛盾。根据贝尔的考证，“后工业”一词始见于英国基尔特社会主义（即行会社会主义）者亚瑟·彭蒂（1876—1937）于1917年发表的《对后工业国家的研究》一书。彭蒂主张的“后工业国家”是非闲暇国家。他当时心目中的“后工业国家”，是一种在各个基本方面都与当时的主导趋势背道而驰的社会，例如使集中化的机构再分散化，使专门化的工作重新结合起来等等；同时，它还是一种充满闲暇、过着工匠式的家庭生活的社会。贝尔1959年夏季参加奥地利萨尔斯堡讨论会时，在完全不同的意义上使用了这个名称。他说，当时他使用这个概念的主要目的，在于强调生产部门所发生的变化，强调社会已从产品生产的社会转变成服务性的社会。

随着贝尔《后工业社会的来临》一书于1973年的出版，“后工业社会”一词很快在社会学界流行起来。贝尔有关后工业社会思想的形成并非一蹴而就，它批判地借鉴了许多与他同时代的思想家的观点，如凡勃伦的制度经济学、熊彼得的创新理论和加尔布雷思的新工业国概念等。自诩为后马克思主义者的贝尔还沿用了马克思有关资本主义历史研究的某些基本观念。贝尔运用知识中轴原理的范式，建立后工业社会的知识—技术决定论，试图总结与预测科学技术革命条件下国家垄断资本主义发展的社会后果。由于在后工业社会发生了社会结构变化，因此，贝尔指出：后工业社会是一种新的社会形态。它不是现在西方社会延长线上的东西，而是在社会、技术组织及生活方式等方面都形成了新的原则的一种社会发展阶段。

另外一名后工业社会学者美国学者彼得·德鲁克关于后工业社会的理论主要体现在1969年出版的《断绝的时代——知识社会的构想》与1993年出版的《后资本主义社会》这两本著作之中，德鲁克以“知识”为主线对后工业社会的理论进行了分析。

《断绝的时代——知识社会的构想》一书分为四个部分：第一部分知识技术；第二部分世界经济；第三部分社会组织；第四部分知识社会。德鲁克从科学技术的发展与产业结构的变化分析入手，认为农业、钢铁、汽车属于夕阳产业；而信息、海洋、材料以及由于特大城市的发展，在新的技术基础上会形成新的产业，这些方面的产业属于朝阳产业。而这四个方面的产业都是在20世纪知识的基础上产生与发展起来的。这些新的产业由于建立在知识的基础之上与建立在技术之上的传统产业是不一样的，新的产业不仅仅是量变而且还意味着质的变化，新的产业呼唤政府出台新的政策，要求实业家、政治家自身变革。

在《后资本主义社会——21世纪的组织与人将怎样变化》一书中，德鲁克在《断绝的时代——知识社会的构想》的基础上，从“知识”与“创新”入手，对后资本主义社会进行了分析。德鲁克认为：后资本主义社会并不是“反资本主义社会”，也不是“非资本主义社会”，资本主义的主要部门还存在，但是以金融机关等为首的部门，迄今为止，所起的作用不同。后资本主义社会里，社会的重心、社会结构、社会力学、经济力学、社会阶层发生了变化。经济资源继传统生产要素土地、劳动、资本之后，将变为“知识”。德鲁克强调，这并不是“知识”转变为经济资源，而传统的资源就不需要了，而是指作为生产要素的“知识”能够简单地得到了。在后资本主义社会，劳动力是由“知识劳动者”占据最重要的位置。知识工作的生产性劳动与创新创造出价值。社会结构分为“知识工作者”与“经营管理者”。德鲁克还指出：后资本主义社会是一个分权化的社会，非营利组织得到长足的发展，市民志愿服务活动的展开、社会性组织的建设等将使人性得以回归。

日本学者驮田井正教授根据贝尔等人的研究，将后工业社会的特征作了如下总结：(1) 服务性产业、软件产业扩大。(2) 电子计算机主导的自动化。(3) 线性生活方式崩溃，女性参与社会事务。(4) 经济优先性崩溃。(5) 再生可能性能源的利用。(6) 分权的、小规模的企业。(7) 具有共性的非官僚组织发展壮大。(8) 多样的社会经济机构。(9) 重视文化修养。(10) 生产与消费一体化，重视自给自足和工作场地与居住场所的合二为一。

随着工业化时代向后工业化时代的迈进，官僚制行政也逐步向民主制行政过渡。正如奥斯本、盖布勒在 1992 年进行的分析：这种官僚主义模式发展的时代同我们今天所经历的时代情况迥然不同，官僚制模式是在等级时代里发展起来的，只有处在金字塔顶端的人才掌握足够的信息而做出熟悉情况的决定。……至今天这个时代，所有上述的一切均荡然无存。我们生活在一个信息社会里，普通老百姓取得信息的速度几乎同他们的领导者一样快。我们生活在一个以知识为基础的经济中，受过教育的职工对命令指挥感到反感，要求有自主权。我们生活在微型化市场的时代，顾客们习惯于高质量和广泛的选择机会。

后现代工业社会中，以信息为基础的新文明在社会中的扩张与渗透，改变了原有的政治、经济和社会运行方式，世界政治、经济、文化都出现了新的变化，主要表现在：(1) 社会利益和价值多元化。在后现代语境下，知识成为主要资源使后现代社会日益个性化，科层制理性和效率的推崇、传统权威主义受到挑战，此时，再用统一的标准或模式来限制或衡量社会成员的观念和行为近乎不可能。(2) 政治层次范围不断扩大。知识、信息越来越多的为广大的社会公众所采用，使等级控制的力量不断削弱。一些跨国公司超越主权观念的限制，向世界各地延伸，照章办事、刻板僵硬地履行职责已无法适应社会变化对政府职能的要求。(3) 社会诸要素多元化。由于知识转移、信息载体的分散，社会不断地由单向度至多向度、价值一元至多元、单位同质至异质的方向发展，社会大一统蓝本在不断地为迅速发展的信息力量所改写。科层制无法适应变动、复杂的社会，显得格格不入。正是基于这样的思想意识和社会变迁，西方发达国家开始以企业精神改造政府，期望实现后现代政府职能的优化、管理组织的完善、内部体制的变革、行政管理模式的转换，并想通过这些富有创意的改革来取代科层制。

后工业社会重新将实质合理性放到第一位，重视成员的自主、创新和成员间的感情交流，它凸显了人的作用，对人的价值、人性的追求，已超越了韦伯所处的工业时代，对官僚制这一铁笼的挣脱不是不可能的。它改变着“人生而自由，但无往不在枷锁之中”的悲观论调。因此，在理论界，以民主制取代官僚制成为一种全新的选择。《改革政府——企业精神如何改革着公营部门》的奥斯本和盖布勒发出“用企业精神重塑政府”的强烈呼唤。美国政治学家奥斯特罗姆则更进一步从政治学的角度在理论上提出了从官僚制行政走向民主制行政的“哥白尼式革命”的政治发展道路。

托夫勒在其《前瞻性的民主政治》一书中说，在后工业社会的信息时代，加快决策的压力猛烈地冲击着日渐增加的环境问题的复杂性和不熟悉，对此必须做出决策。在这种情况下官僚制运行的结果就是“不堪承受的、决定性的超负荷。简单地说就是政治的未来震荡”。托夫勒认为有两种可能的应对办法：一是设法进一步加强政府这个中心，不断增加越来越多的政治家、官僚、专家和计算机以竭力争取跑在迅速增加的复杂性前面；还有一种办法是通过群策群力，让“下面”或是允许“外围”做出更多的决定，而不是把做出决定的权力集中在已经紧张和乱了套的政府中心。第一种设想几乎是不可能的，因为人类对外部世界的反应能力毕竟是有限的，再发达的信息系统也无法使公共行政实现完全信息化；何况政府机构的扩张还面临着财政的压力。于是，一种以分权为内容的等级协作制和参与制开始打破官僚金字塔。

1. 赋予那些长期被动地执行政策的低层管理者以参与决策权。传统官僚制把行政仅仅作为执行，而执行者是没有自主权的，这样既不能调动低层公务员的勤政积极性，又抑制了他们创造性潜能的发挥。分权式决策则主张上层政策制定部门在对下层执行部门保持远距离掌舵的遥控关系的同时，也允许执行部门反过来引导政策制定部门的决策活动，承担决策咨询的功能。分权式决策的内在逻辑是按照职、权、责相统一的原则，对承担一定职能的下级单位赋予相应的权力，与此同时确立严格的责任监督。这样，一方面是指挥权的下放，另一方面是监督权的加强，权力的分散并未导致失控，反而因为调动了低层管理者的积极性并有强有力的监督作保证，而实现了效率的提高。美国“进步政策研究所”的资深研究员戴维·奥斯本在给克林顿政府开出的“药方”中盛赞了等级分权制的好处：（1）分权的机构比集权的机构有多得多的灵活性，它们对于情况和顾客需要的变化能迅速地做出反应。（2）权力分散的机构比集权的机构更有效率。（3）分权的机构比集权的机构更具有创新精神。（4）分权机构产生更高的士气，更强的责任感，更高的生产率。

2. 引导公众参与决策，分散公共机构的权力。信息革命的爆发引发了公众参与公共行政方式的革命性变革。首先，公共行政系统内部的分权以及层级的扁平化，缩短了公众与政府决策部门的沟通距离，这样也就增加了公众直接参与公共行政决策的可能性。其次，日益发达的大众传媒和不受时空限制的通讯方式，也使得公众与上层有了直接对话的机会。信息革命打破了官僚体制下信息不对称的局面，使以信息不对称为基础的等级权力日益失去强制的色彩，平等协商而不是命令式的指挥机构成为公共行政过程的基础。通过对话、协商、公开辩论乃至全民公决渠道把公众纳入公共决策过程已不再是一件观念上难以接受、技术上无法克服的事情。

二、信息技术发展和网络经济崛起对传统政府管理模式的解构

技术的变化不仅在影响生产过程，也影响人类的社会过程；反之，社会的变迁也对技术存在着依赖，因此，技术变革也在影响着传统的政府管理模式向新模式的转变。政府公共事务的管理是随着笔的发展，然后是随打字机技术的进步发展和繁荣起来的。在使用笔和打字机的时代，基本上是一张纸或一个公文的办公模式。这种技术对于严格的等级体制来说是很理想的。公文按照等级上下传递以获得批准或者提供信息，组织机构也就是在反映这样的情况的基础上设计出来的。打印的公文旅行就是这方面的标志。公文旅行的程序就是按照排队打字的方式设计的，这从总体上反映在相应的组织形式上。

然而，在20世纪早期设计出来的官僚制度到了20世纪晚期，对于快速变化、信息丰富、知识密集的社会和经济来说简直就无法发挥作用。现在，人们可以廉价地收集各种信息和数据并加以传递。可以被转化成为业绩的信息，转过来又使得管理模式分散化。与传统模式的原始技术基础相比较，这方面的变化本身就可能导致政府管理方面的重大改变。信息技术，尤其是计算机等办公自动化设备的应用，改变了管理，甚至改变了过去的等级管理的模式。管理人员不必等待公文通过一个个等级再传到他的手里，因为各种文本早已出现在他们自己的计算机屏幕上了。信息是分享的，可以以一种即时的形式从高级管理人员那里传递到基层。科层等级制度现在可以变得更加扁平，因为不再那么需要处理和传递信息的中间管理层了。韦伯的科层体制注重时间内容的一个概念就是“办公室”，这儿是官员们工作的地方，是公众与其代理人打交道的地方，也是保持文件记录的地方。随着信息技术的发展，这种情况发生了变化。文件记录现在越来越以电子的方式来加以保存，因而可以在同时在不同的地点来获得这些文

件。公共的交流也是电子的，有些公务人员可以在他们的家里使用计算机，而不用去办公室。从而，办公室及其管理方式也必然发生变化。随着信息技术的传播，也就不再一定要人们呆在一个共同的地方以便具有组织的特征了。所以，选择与传统组织不同的新管理形式也就变得具有实践意义了。

当信息技术发展起来以后，上述的设想才能真正实现。特别是当信息技术的普及形成了以共享数据资源为主要目标、相互联结起来的计算机网络。在没有建立网络系统之前，计算机技术对社会的影响人们是无法想象的。但是计算机网络的建立，确在深刻地改变着人们相互之间联系、工作和沟通的方式，也使得公共行政管理获得更多的技术支持，从而能够采取以前所无法采取的新方式和新手段。

以信息技术为基础的网络系统的功能主要有以下三个方面：(1) 其基本功能是电子邮件、远程登录和文件传递服务。电子邮件是网络的基本功能之一，也是网络使用最频繁的一种服务。类似于邮局的普通邮件，区别在于其不需要纸张，由服务器传输邮件的信息内容而不是邮件实体。传输速度极快，成本低廉。目前的多用途因特网电子邮件系统 MIME 不仅可以传输文字，还可以将声音、图像和影视结合起来。远程登录是用户通过因特网暂时成为远程计算机终端的过程。用户只要是该系统的合法用户并拥有相应的账户口令，就可登录实时使用远程计算机对外开放的全部资源。文件传递服务是一种实时的联机服务，用户可在计算机间进行文件搜索和传递，从而获得任何领域的信息，包括公用程序、原始程序代码、研究报告、技术通报及各种论文等。(2) 服务功能。因特网的信息服务由于其整体结构的开放性，由其三大基本功能衍生出来的各种应用资源和服务项目很多，其中最重要的是信息服务。信息服务系统：是通过多极菜单为用户提供实时信息查询功能，并且同时提供进入其他服务系统的渠道，用户无须记住众多的计算网址和保密字。广域网信息服务端：是由苹果电脑、道琼斯及思想者三家公司共同发起，提供了一套类似自然语言的界面，可以让用户以平常说话方式询问计算机，并显示查询结果。全球网信息服务系统：是一种基于超级文本方式的信息查询工具。它为用户提供了一种功能强大的图形界面，可以自动完成用户的查询要求。其特色在于提供多媒体的信息服务方式，包括浏览文本信息及与文本内容相配合的图像影视和声音信息。它已成为普通用户访问网络的流行方式。（3）因特网的讨论及公共服务。第一是群体讨论：是电子邮件衍生出来的服务种类，也称“电子邮件论坛”。它将有共同兴趣的成员名单排列成一组通讯录，使小组成员可以讨论和共享一组特定的主题信息。服务器将自动把信息加工整理到各成员的邮箱里，并能整理成周刊或月刊。第二是电子公告牌：它类似于黑板报、公告牌、海报等传统张贴消息和通告的方法。区别在于它是用电子通讯手段在大范围内和远距离间的信息交流工具，并无时区限制。第三是电子网络新闻网：是为各地用户在网络上讨论话题提供技术支持，话题涉及从计算机（computer）开头关于计算机方面的讨论到社会（society）针对社会方面的讨论，从科学（science）针对科技的讨论到关于娱乐（recreation）休闲娱乐话题的讨论，等等。网络技术尤其是以因特网为代表的全球网络使信息在开放的环境中呈水平流（卫星式移动电话在地球任何一个地点都可与便携式电脑相联进入因特网），从而消除了全球范围内信息流动的技术障碍。

20 世纪 90 年代，随着计算机技术的成熟和普及，后工业社会进入了网络经济时代，它给人类社会带来了新的发展空间和机遇。美国联邦通讯委员会技术政策前主任迈克尔·尼尔森曾指出：正像信息技术深刻地改变了美国的商业结构一样，我们可以预见计算机技术和信息交流技术的发展将极大地影响政府的结构和职能。就一般而言，新兴的科技交流手段将使政府具有更强的信息获得和控制能力，从而使政府职能扩展，可以更集权、更有效地实现其对社会的控制。历史上，航海技术的发展使英国寻求到了更广大的海外殖民地，印刷术的广泛应用和电报系统帮助英国中央政府实现了它对其遍布世界的殖民地的有效控制。今天的政府已经可以通过自身、媒体及各种组织和商业数据收集公司获得大量的信息，从而支持政府进行正确的决策，对国家和公民实施有效的管理和控制。以往的政府使信息成为某种意义上的特权，组织层级越高，其所拥有的信息量就越大。网络技术的推广和应用给人们带来的最直接益处是在更广泛意义上实现了信息资源的共享，使得地方政府和社会公众更接近信息。通过网络及其他各种信息传媒，公众更加了解政府在做什么；一些原本只有政府可以提供的服务，公众也可通过其他的渠道获得；旧有的权力平衡被打破，这必将导致政府管理方式的巨大变化。

1. 网络化将使政府人员大幅精简，极大地提高政府的行政效率。

"有效的政府是经济成功的基础"已经为人们所普遍认同，然而建立一个有效的政府却不是一件易事。20 世纪 70 年代末，撒切尔夫人在英国开始推行裁减政府公务员、改革文官制度、提高服务意识与行政效率的行政改革措施，揭开了全球性新一轮政府改革运动的序幕。美、英、日等发达国家，也包括中国等发展中国家，联合国等一些国际组织也加入了这一行列。一方面，网络化加强了政府的信息置换功能，新型政府可以使用各种新技术手段实现信息化管理。收集信息、处理信息、传递信息、沟通信息将以更快捷、更经济的方式进行，政府的整体行政办事效率将大幅提升。另一方面，信息可以在组织内部为更多的人来分享，越来越多的问题在较低的层级就可以得到解决，以上传下达为主要工作内容的中层管理可以大大精简，因信息传递不及时和错误所造成的内部消耗可以大大减少，行政程序进一步简化，行政效率提高。

2. 政府公共职能的重新定位与职能转变。

行政改革向公民提出了一个问题：我们究竟需要一个什么样的政府。一些人认为：Internet（因特网）及其相关技术将极大地增强个人的力量，从而使政府无足轻重。一些抱有极端看法的人认为数字货币和电子商务会使政府对税收和经济的管制变得越来越困难，这样政府将会慢慢退出历史舞台。这种观点是十分荒谬的。政府职能定位的依据主要来自于弥补市场缺损，来自于社会和公众的需求。市场的缺损必须从政府中得到弥补才可以维持社会的正常秩序，便捷、低成本的网络传输使公民和企业可以实时了解政策法规。政治经济网络化程度的提高使得公众更容易获得信息，信息资源的共享为政府职能输出准备了条件。政府可以将社会性、公益性、自我服务性的事务性工作从政府中剥离出去，交给中介组织和事业性单位承担；将原本属于社会的生产、分配、交换的经济职能归还给社会，政府集中精力致力于市场培育，实现公共权利。政府将是信息的中继站，公众希望政府可以更广泛地帮助个人解决问题，实时地向社会公众发布各种政策信息，提供各种政策咨询服务。

3. 政府与公民的交流方式将更为直接，政府公共服务工作的透明度将大大提高。

网络化为公民了解政府的工作提供了经济而快捷的渠道。政策的制定、决策和执行过程不再是神秘的东西，透过网络公民可以最切近地了解政府的工作进程。美国白宫网页自 1994 年开通以来，白宫和美国政府各部门已经有几十万份文件在这里上网，每天有上万人光顾该站点，获取自己所需的信息。中国政府的一些国家部委、地方政府及其职能部门，也设立了面向社会公众的网页，提供各种信息和政策咨询服务。政府工作正在变得更公开、更透明。

从政府的角度来看，政府将会有更便利的渠道在更广大的范围内收集社会各阶层的意见，获得信息反馈。而且这些信息可以以最直接的方式获得，避免因需经过多层过滤而使信息失真情况的发生。网络的快速信息传递即使公众的信息反馈速度大大加快，也使政府对问题的回应速度大大加快。与高层政府官员的直接对话已经不再是不可及的事情，网络使公民和政府实现了没有中间环节的直接沟通，它必将有利于矛盾的化解，密切政民关系，从而增进社会稳定。

4. 地方政府的职能将进一步加强。

网络技术使地方政府能够更容易获得国家或国家级组织提供的信息，并有效地将这些信息和地方的需求结合起来，寻求到有效的解决方案。原本需要上交中央政府方能解决的问题，可以在当地直接获得解决。资源会得到更有效的利用，政府的整体行政效能得到提高。另一方面地方政府的独立性也会进一步加强，横向联系增多。中央政府更多地致力于协调和监督保障，国家立项将大为减少。特别是在对外经济合作方面，地方政府可以打破中央政府独揽对外交流合作大权的传统，直接参与对外事务。公众借助比中央政府更贴近的地方政府参与国际经贸合作，正在形成一种新的趋势。在美国，50 个州分别在世界多个国家和地区设立了办事机构，而且在进一步发展。这些对外事务涉及投资、教育、研究、签约和政策等多种活动，正对联邦政府的外交政策产生越来越大的冲击和影响。地方政府“僭越”联邦政府的外交权力，其原因最主要的是能给地方带来财源和就业机会，信息技术和通讯条件的改善和全球网络化的发展显然是其重要的技术条件。

5. 公民政治参与将有突破性的进展，民主政治程度进一步提高。

网络技术不仅会提高政府工作的效率，还能使公民更多地参与决策过程。从公民的角度看，透过网络公民有更多的机会了解政府在做什么、在怎么做，并可以以多种方式及时地表达自己的意见，参与决策过程。可以预见，网络化的社会中，人大或议会会议将不再仅仅局限于院内，选民与代表、议员间的关系会更加紧密，正在参加代表大会的代表也可通过网络与选民进行必要的交流。目前，美国众多的参议员和众议员都有公开的网页，选民与他们之间的交流更为直接、迅速。美国以往的民意调查以电话、邮政信函为主，现在网上的民意调查已经相当普遍，并占有越来越重要的地位。电子空间将使权力从经理和政治代表手中转移到那些直接参与价值增值的普通劳动者和公民手中。民主政治在网络经济中不再是一种现代政体必不可少的缀饰，公民的政治参与将不仅仅限于投票，网络将成为公民政治参与的重要渠道，这会使政治冷淡在一定程度上得到缓解。

6. 政府在保障国家安全上面临的新问题。

在网络经济时代，给国家安全带来的威胁不仅来自于有形的世界，更危险的是来自于无形的电子虚拟世界。随着信息技术和通讯技术的日益融合，网上信息交换、贸易、购物、娱乐甚至聊天，可以发生在任何国籍的个人或组织之间。时间和空间概念已经发生了根本的改变，在电子空间，国家间的边界变得越来越模糊。恶意的网上“黑客”运用普通的个人电脑和网络技术，寻找计算机系统和信息交换系统的弱点，非法截取或篡改数字信息，破坏系统的正常运作，甚至捣毁整个系统。网络的滥用已经对国家安全构成了新的威胁，政府必须采取措施保障国家网络和重要信息设施的安全。为此，美国政府专门下达了关于保护重要设施的总统令，探讨用多种方法保证国家信息基础设施的安全。一方面，政府部门加强监控，并严厉打击任何破坏活动；另一方面，鼓励各行业监控自己的系统，从而提高整个信息基础结构的安全性。

7. 政府对改善经济的不均衡发展将负有更大的责任，并投入更大的力量致力于人力资源的开发。

网络经济的重要特征就是信息资源的共享，它要求的是一体化的模式。网络越大，网络各部分的运行效率和潜在功能越是加倍增长，更广泛的覆盖面和更多的参与者是网络经济发展的先决条件。只有在每个人都参与的情况下，市场机制才能得到更有效地运作。谁拥有先进的信息交换手段，谁就有资格成为国际贸易伙伴，而信息基础设施薄弱的国家或地区将被排除在网络经济之外。政府必须对不发达地区投入更大的力量，使他们具备与外界进行信息交换的信息基础设施。经济发展的不均衡需政府运用它的行政力量来改善。

如果说传统经济是一种自然资源和制造业的国别经济的话，网络经济则是倚重信息资源和金融服务业的全球化经济。在美、日等发达的工业化国家，生产过程中自然资源和人力资源的地位正在发生逆转。新技术正在改变生产过程中脑力劳动和体力劳动的构成，与直接劳动相比，间接劳动的比重在不断增加。一些技能含量较少的工种正在消失，如材料装卸工等，知识工人成为劳动力需求的热点。在美国，制造业产值不断稳步增加的同时，制造业的就业却在大幅度减少，减少的绝大部分是非技术工人。随着网络经济的发展，看屏幕和敲键盘的“白领”化工人将大幅度地增加。在信息网络覆盖全球、无国界经济蔓延的新条件下，资本已经越过了国界，不同国家的资本费用也在趋同，除了劳动技能外，生产过程的每一个要素在世界各地都可以同样存在。吸引资本进入本国市场的最富竞争力的因素，是劳动力的技能和知识积累。正是由于其他一切因素都很容易地在世界各地流动，最能吸引外国投资者的是具有从事复杂劳动知识技能的劳动力。政府在增强对资本的吸引力方面除了提供良好的基础设施外，主要是大力提高劳动者的知识水平和劳动技能。政府除了增加教育投入外，还可以出台各种刺激性政策措施，吸引高技术企业和科研开发机构进入本国投资，鼓励企业增加对工人的技术培训。政府可以给这类企业一定的补贴和税收上的优惠，这一做法看起来代价很高，国家会损失大量的财政收入，但是国家所获得的报偿将是日益强大的人力资本和国家持久的竞争力。资本可以随意流动，但受到良好训练、具有较高知识技能的劳动者仍会继续留在投资国，成为良好的投资条件。

为了迎接后工业社会的到来和适应网络经济的要求，西方各国进行了以下几个方面的行政改革：(1) 精简组织和人事。(2) 压缩官僚层级，倡导低层公务员参与决策。(3) 分散权力。传统中央政府统筹一切全国性事务原则，逐渐变为由地方政府、相关利益集团及服务对象直接参与并执行公共政策所取代。(4) 营造“顾客导向”的行政文化。在政府管理中引入市场经营的理念，注重政府公共服务职能的体现，并把服务对象的需要放在首位。(5) 以企业化策略提高政府资源的使用效率。大力提倡通过多种途径，如公共工程外包、BOT、公营事业民营化进行大型的公共服务。(6) 实施绩效管理。为了确保有限资源用在政策所规划的方向，必须制定组织的长期目标、达成目标的策略、评估绩效的标准，最终检验评估结果。

三、社会转型过程中的官僚制度难题

理性的官僚制在理论上看似是完美无缺的，但随着时代的发展，整个社会的政治、经济和社会结构都发生了变化。工业时代逐渐成为过去，代之的是后工业时代或者说知识经济时代，人们对公共服务的要求越来越高，官僚制的弊端日趋暴露，这种弊端深深地根植于官僚制自身之中。官僚制度已不是解决问题的办法，官僚制度本身就成为了一个问题。

以官僚制度为基础的政府管理体系基本上有规则化、专业化、层级制、中立性四大特征。可以说实现了工业化时代下，对官僚制连续、服从、摩擦少、成本低、政治中立的要求。根据韦伯官僚制，确立了法律认定的权威与其以确定的权力责任为特点的下属官员的关系，这种关系见诸于成文的规章条例；各种地位间的权威关系得到了系统的安排，任命与晋升以契约关系为基础，因而也服从于法规；技术训练或经验成为任用的正式条件；固定的货币工资；在官员并不占有“行政资源”并且不能以地位谋利的意义上，官位与职员的严格分离；行政工作是唯一的职业。在马克斯·韦伯看来，官僚制在技术上优越于任何其他类型的组织，它是一个理性的组织，在那里，权利、义务、开放和自由得到了准确的界定。这种传统的行政体系适合于传统的工业技术基础与相对稳定的社会结构，推动了西方工业化的进程。

由于传统官僚制度是在工业发展过程中的特定阶段发展起来的，它的制度和技术适用于更早的时期。如果政府工作人员被看做机器人，只能对简单的刺激做出反应，难以承担起做出决策的责任，而且在操作手册中都有了事无巨细的规定，那么对于注重规则要求的传统官僚制来说确实可能是合适的。但在官僚制中，官僚组织替代个人选择来进行决策安排，可以通过命令机制来约束个人的选择自由，并且由于缺乏竞争，官僚组织机制就会导致效率低下、滋生腐败现象等。此外，规则化的传统的公共行政运作程序也导致人际关系冷淡，为了评定政府官员的业绩而演化出异常复杂和难于操作的评估体系。

过于专业化和层级化的组织确实实现了对结构和过程的控制，但这种组织结构缺乏灵活性，是一种僵化的、官僚的模式。例如，为了防止官僚超越行政的界限，外部制约主体对政府官僚过度进行规则。官僚在执行政策的过程中畏手畏脚，对他们而言，更关心的是程序而不是结果。这样就形成了政府官僚对规则负责而不对结果负责的行为哲学。因此，政府官僚不可能对公民的要求做出及时的和负责的回应。这样，过度规则就成为行政行为效率低下和不负责任的避风港，因为他们是在按规则办事。如美国《联邦采购法》长达6000余页，《联邦人事管理手册》长达万余页，这里足见过度的规则带来的负面效应了。同时层级化的组织往往培养墨守成规者而不是创新者；鼓励行政人员规避风险而不是勇于冒险，鼓励他们浪费稀缺资源而不是有效利用。韦伯曾把官僚制看成是“理想类型”，但现在这种理想类型却培养了惰性、丧失进取心、导致平庸和低效率，这些被认为是公共部门的特有病。实际上，“官僚”这个词在今天更多地被看成是低效率的同义词。

官僚制度为了保证政府部门中文官的中立和不受政党的影响，在机构设计时，要求对官僚采用“职业任用”。所谓“职业任用”意味着一旦拥有公务员资格，就有牢固的地位，这成为难以改变的权力。同时，对于官员的专业技术要求也特别高。这样，由于官僚长期占据着一定的职位，并且在专业技术上属于垄断地位，因此在公共服务的输出过程中，官僚的作用举足轻重，政府运转的权力重心逐渐向官僚倾斜。难怪有学者感叹：官僚已成为现代国家的核心。正因为官僚在政府权力中属于这种特殊的地位，这为官僚追逐自身的私利创造了条件。他们为了谋求职业发展，既然职业发展主要靠上司的推荐，为了取悦上司，在向上输送信息的过程中删除不利于己的信息，报喜不报忧，因为他们垄断了这一方面的信息。这样会使信息扭曲，减少对官僚的控制，会使政府丧失对信息的控制。同时，官僚为了占有尽可能多的政治资源，包括权力、地位、金钱等，总是千方百计的追求本机构预算的最大化。因为预算越多，手中掌握的资源越多。作为公共物品的唯一供应者，官僚完全了解公共物品的真实成本。但由于他们垄断了供给与信息，他们会提高要价。这样就提高了政府运作的成本，容易导致财政赤字。

官僚制度的弊端在工业时代也许还不显得那么突出，或者还能被人们所忍受。因为，在那时，社会发展的步伐相对较慢，社会中的劳动主要以体力劳动为主，信息主要掌握在处于金字塔上层的人手中，因此，自上而下地做出决定，发布命令，下级绝对服从上级的这种官僚制的等级结构还能适应当时的社会状况。但是自 21 世纪 70 年代西方社会逐步进入信息社会以后，情况发生了很大的变化，不仅普通百姓获得信息的速度几乎和他们的领导人一样快，而且社会成分的构成中脑力劳动者或非体力劳动者占了社会中的大多数。于是，这些受过教育的职工对那种官僚主义式的命令、指挥，对官僚主义的作风、态度日益不满。再加上福利国家的发展和官僚机构的膨胀使西方各国都背上了沉重的财政负担，各国的财政赤字和国债都急剧攀升，所以到 19 世纪 70 年代末，西方政府就发生了严重的危机。1978 年美国发生了横扫全国的抗税运动，人们对福利制度和官僚政府的巨大浪费和庞大开支公开进行反抗。1980 年里根政府上台以后试图通过削减福利开支、减税来解决社会中的矛盾，缓和人们的不满。但是，这种机构臃肿、规章繁琐、行动不便、效率低下的庞大官僚机器，单靠改变政府目标的办法已不能医治它自身日益严重的病症。结果，人们对政府越来越感到失望，以至于到 20 世纪 80 年代末期，《时代》周刊公开在封面上提出了一个尖锐的问题：政府死亡了吗？许多美国人的答案是肯定的。这有美国的民意测验为证。20 世纪 80 年代后期，在美国接受民意测验的人中只有 5％的人愿把在政府里工作选为中意的职业，而联邦的高级雇员中只有 13％的人愿意考虑把公共部门推荐为未来的职业，这反映了民众对官僚机构的极端不满。在这种背景下，美国的一些地方政府开始以企业精神改革政府的工作，改变政府的运作方式，出现了所谓“企业化政府”。

第二章　新公共管理与政府管理模式创新

第一节　新公共管理模式发展

一、新公共管理的产生

20 世纪 70 年代末期开始，在新西兰、英国、美国等国家开始了一场旨在革新政府的新公共管理运动，随之日本、加拿大、荷兰、法国等经合组织的其他成员国也都采取了类似的改革措施。尽管这场运动在不同国家展开，其主要内容也不同，但是这些国家都面临着同样需要解决的三个方面的问题：第一，重新调整政府与社会、政府与市场的关系，减少政府职能，以求使政府"管得少一些但要管得好一些"；第二，尽可能地实现社会自治，鼓励社会自身的公共管理，也就是利用市场和社会力量来提供公共服务，以弥补政府自身的财力不足；第三，改革政府部门内部的管理体制，甚至尽可能地在一些部门中引进竞争机制，以提高政府部门的工作效率和为社会服务的质量，从而使政府彻底走出财政危机、管理危机和信任危机的困境。虽然不同的国家在改革中选择的路径和采取的措施有所不同，但共同的方面表现在精简机构、削减政府职能、放宽规制、压缩管理、政府业务合同出租、打破政府垄断和公共服务社区化等等措施的运用。这些措施在实践中的运用已经取得了很大的成功。

作为一种正在成长并且日益取代旧的行政管理模式的公共部门管理新模式，"新公共管理"有不同的名称，如"公共管理主义"（或"管理主义"）、"后官僚体制模式"、"以市场为导向的公共行政”等。“管理主义（或新公共管理）是一个多维度的非常宽泛的概念”（彼得斯语）。对于它的内涵，人们作出了各种不同的界定。

“新公共管理”最早由胡德（Christopher Hood）在1991年提出。在一篇名为《一种普适性的公共管理?》的文章中，胡德指出，在20世纪70年代中期以后，英国以及其他经合组织国家纷纷掀起了政府改革运动。胡德将这些改革运动称作“新公共管理”运动。

胡德使得新公共管理一词名声大噪。胡德将“新公共管理”看作是一种以强调明确的责任制、产出导向和绩效评估，以准独立的行政单位为主的分权结构（分散化），采用私人部门管理、技术、工具，引入市场机制以改善竞争为特征的公共部门管理新途径。胡德归纳七条新公共管理的要点：(1) 在公共部门之中放手给专业管理，这表示让管理者自己管理；(2) 目标必须明确，绩效必须能够加以测量；(3) 特别强调产出控制，重视实际的成果甚于重视程序；(4) 走向分解的转变。分解（Disaggregation）的意思是透过小型政策领域的机关设立，而将大规模的部门分割开来；(5) 转变为更大的竞争性；(6) 重视私部门型态的管理行为；(7) 资源运用上的克制与节约。

波立特（C. Pollitt）在《管理主义和公共服务：盎格鲁和美国的经验》一书中认为，“新公共管理主义”主要由本世纪初发展起来的古典泰勒主义的管理原则所构成，即它强调商业管理的理论、方法、技术及模式在公共部门管理中的应用；瓦尔特·基克特（Walter J. M. Kiekert）在《荷兰的行政改革与公共部门管理》一文中将“新公共管理”界定为一种强调商业管理风格，顾客至上和市场竞争的改革取向。

霍姆斯（Holmes）和尚德（Shand）把新公共管理视作范式，这种好的管理方法具有以下特点：(1) 这是一种更加富有战略性或结构导向型的决策方法（强调效率、结果和服务质量）。(2) 分权式管理环境取代了高度集中的等级组织结构。这使资源分配和服务派送更加接近供应本身，由此可以得到更多相关的信息和来自客户及其他利益团体的反馈。(3) 可以更为灵活地探索代替直接供应公共产品的方法，从而提供成本节约的政策结果。(4) 关注权威与责任的对应，以此作为提高绩效的关键环节，这包括强调明确的绩效合同的机制。(5) 在公共部门之间和内部创造一个竞争性的环境。(6) 加强中央战略决策能力，使其迅速、灵活和低成本地驾驭政府对外部变化和多元利益做出反应。(7) 通过要求提供有关结果和全面成本的报告来提高责任度和透明度。(8) 宽泛的服务预算和管理制度支持和鼓励着这些变化的发生。

从研究者的角度来看，“新公共管理”有时被当作单一模式概念，有时则被当作包含不同模式的类概念。如奥斯本和盖布勒在《改革政府》一书中提出的“企业化政府”模式就是一种单一模式。这一模式中包含了十大基本原则或基本内容（也有人认为奥斯本和盖布勒提出的“企业化”模式及美国自克林顿进行的“重塑政府运动”属于不同于“新公共管理”的“治道”）。再如哈伯德提出的包含十大趋势的“管理主义”模式，也是一种单一模式。另一些学者则认为并不存在统一的“新公共管理”模式，只有各种不同类型的“新公共管理”模式。如英国学者E·费利耶等人在《行动中的新公共管理》一书中论述的效率驱动模式、小型化与分权模式、追求卓越和公共服务取向模式。

《布莱克维尔政治学百科全书》则将“新公共管理”模式概括为如下倾向：“宁要劳务承包而不要通过没有终结的职业承包而直接劳动的倾向；宁要提供公共服务的多元结构（宁可出现多种提供者的竞争，并存在使用者对供给者运用控制手段，如美国选举产生的校董会制度），而不要单一的无所不包的供给方式结构的倾向；宁可向使用者收费（或至少是指定了用途的税收），而不是把普通税金作为资助不具有公共利益的公共事业基础的倾向”①。

① 《布莱克维尔政治学百科全书》，中国政法大学出版社1992年版，第613页。

尽管新公共管理的名称众多，我们还是能够发现这些不同定义中的共识。第一，无论这种模式叫什么，它都代表着一种与传统行政管理不同的重大变化，它更为关注结果的实现和管理者的个人责任。第二，它明确表示要摆脱古典官僚制，从而使组织、人事、任期和条件更加灵活。第三，它明确规定了组织和人事目标，这就可以根据绩效指标测量工作任务的完成情况。同样，还可以对计划方案进行更为系统的评估，也可以比以前更为严格地确定政府计划是否实现了其预定目标。第四，高级行政管理人员更有可能带有政治色彩地致力于政府工作，而不是无党派或中立的。第五，政府更有可能受到市场的检验，将公共服务的购买者与提供者区分开，即将“掌舵者与划桨者区分开”。政府介入并不一定总是指政府通过官僚手段行事。第六，出现了通过民营化和市场检验、签订合同等方式减少政府职能的趋势。在某种情况下，这是根本性的。一旦发生了从过程向结果转化的重要变革，所有与此相连的连续性步骤就都是必要的。

奥斯本和盖布勒在《改革政府》（或译《再造政府》）一书中提出的“新公共管理”模式包含以下十大基本原则或基本内容：（1）起催化作用的政府：掌舵而不是划桨；（2）社区拥有的政府：授权而不是服务；（3）竞争性政府：把竞争机制注入到提供服务中去；（4）有使命的政府：改变照章办事的组织；（5）讲究效果的政府：按效果而不是按投入拨款；（6）受顾客驱使的政府：满足顾客的需要，而不是官僚政治需要；（7）有事业心的政府：有收益而不浪费；（8）有预见的政府：预防而不是治疗；（9）分权的政府：从等级制到参与和协作；（10）以市场为导向的政府：通过市场力量进行变革。这十大原则构成《改革政府》前十章的标题。奥斯本和盖布勒在书中对这十个原则进行了详细的论证，并在最后一章（第十一章）中加以汇总组合。该书成了1993年开始的美国克林顿政府“再造政府”改革的理论基础。克林顿总统给予该书很高的评价：美国每一位当选官员应该阅读本书，我们要使政府在20世纪90年代充满新的活力，就必须对政府进行改革。该书给我们提供了改革的蓝图。

另一位学者哈伯德（M. Hubbard）将“管理主义”模式的内容归纳为如下十大趋势：(1) 主管的战略角色和战略管理实践的强化；(2) 从行政到管理的重点转移，即从执行规则到实现既定目标的转移；(3) 人事权由中央人事部门向部门主管的转移，限制工会的权力，打破统一的工资结构；(4) 政策制定和执行的分离，即核心部门集中于战略管理和计划，设立独立执行机构来执行政策；(5) 绩效工资制；(6) 改善财务管理，强化财务控制；(7) 以组织规划和评估的形式，把执行机构的运作与其目标更密切地联系起来；(8) 加强对运作状况的评估；(9) 追求高质量和高标准的顾客服务；(10) 改变传统的组织文化，建立新的“心理契约”。

按照国际公认的世界经合组织对新公共管理的概括为标准，新公共管理学的主要特征包括：第一，从效率、有效性和服务质量等方面更加密切地关注结果。第二，用分权式的管理环境取代高度集权的科层结构。在分权体制下，资源配置和服务供给能够更加及时地反映公众需求，也为顾客和其他利益集团的反馈提供了机会。第三，灵活地寻求能够更加有效地提供政策结果的执行方案，以替代直接的政府供给和管制。第四，关注公共部门直接供给的效率，在公共部门内部和公共部门之间建立竞争性的环境。第五，新公共管理的核心目的，在于指导政府的发展，提高政府的战略能力，从而能够灵活地以最低成本回应外部环境变化。

我国的著名公共管理学者陈振明教授在一篇论文中曾将“新公共管理”的内容归纳为如下八个方面：(1)“让管理者进行管理”(强调职业化管理)；(2) 衡量业绩（明确的绩效标准与绩效评估)；(3) 产出控制（项目预算与战略管理)；(4) 顾客至上（提供回应性服务)；(5) 分散化（公共服务机构的分散化和小型化)；(6) 引入竞争机制；(7) 采用私人部门的管理方式；(8)

改变管理者与政治家、公众的关系。①

二、新公共管理理论的主要内容

1. 注重政府的政策职能与管理职能的分离。

"新公共管理"认为，公共组织可以分为四种类型，即政策组织（如计划委员会）、规制组织（如证券管理委员会）、服务提供组织（如就业服务局）和服从型组织。其中，政策组织应当完全属于政府意义上的组织，规制组织部分是政府的也可能部分是政府外的组织，而服务提供组织和服务型组织基本上是可作为政府外公共管理组织而存在。政府严守公共政策制定的职能，运用公共政策的引导来保证政府外公共组织有效承担公共管理的职能就属于政府公共政策化，即将政策职能与管理职能分开。用奥斯本和盖布勒的话来说，政策组织与规制组织负责"掌舵"，而服务提供组织与服从型组织的职能是"划桨"。"掌舵的人应该看到一切问题和可能性的全貌，并且能对资源的竞争性需求加以平衡。划桨的人聚精会神于一项使命并且把这件事做好。掌舵型组织机构需要发现达到目标的最佳途径。划桨型组织机构倾向于不顾任何代价来保全'他们的'行事之道"。"政府的管理职能是掌舵而不是划桨"。这样做可以自然而然地消肿减肥，减少开支、提高效率。

2. 注重将私营部门的管理方式引入公共部门。

与传统行政管理排斥企业经营部门的管理方式不同，"新公共管理"强调政府应广泛采用企业经营部门成功的管理手段和经验。除实施明确的绩效目标控制之外，"新公共管理"还强调重视人力资源管理，强调成本—效率分析、全面质量管理，主张全面的货币化激励而不过分主张传统的道德、精神、地位和货币等

① 陈振明：《走向一种"新公共管理"的实践模式——当代西方政府改革趋势透视》，《厦门大学学报（哲社版）》2000年第2期。

因素的混合以及单一的固定工资制的激励机制，主张对高级雇员的雇用实施有限任期的契约而不是传统的职位保障制。基于管理主义的管理“共通性”的原理，西方国家广泛地将私营部门的管理方式、经验引入到公共部门的管理活动中。如通过合同出租制即招标形式，把政府所从事的服务和业务推向市场；对公共组织和雇员进行绩效评估；采用全面的目标管理和质量管理，明确工作目标，重视工作结果和产出，而不仅仅注重工作过程，对超额完成预期目标的进行奖励，特别注重对雇工的物质激励等方面。

3. 营造“顾客导向”的行政文化。

“新公共管理”认为，政府的社会职责是根据顾客的需求向顾客提供服务，政府服务以顾客或市场为导向，只有顾客驱动的政府才能满足多样化的社会需求并促进政府服务质量的提高。“市场不仅在私营部门存在，也在公共部门内部存在。当市场在公共部门出现时，我们通常称之为系统，如教育系统、职业训练系统、心理卫生系统。但它们都是市场，如同金融系统、银行系统和保健系统一样都是市场。如果我们把市场的导向思想应用到我们的共用系统上去，我们就能取得伟大的成就”。“顾客导向”的行政文化正是“市场导向”思想的体现。具体说来，就是通过调查，倾听顾客意见，建立明确的服务标准，向顾客做出承诺以及赋予顾客选择“卖主”的权利，以实现改善公共服务质量的目的。于是，“新公共管理”改变了传统公共行政的政府与社会之间的关系，政府不再是凌驾于社会之上的、封闭的官僚机构，而是负有责任的企业家，公民则是其“顾客”或“客户”。这种拥有更多选择权，有机会来评价政府工作效果的“顾客驱动”机制将是一个推动政府改善服务质量的良好机制。

4. 政府应广泛采用授权或分权的方式进行管理。

在传统官僚制组织结构中，权利高度集中，上层发号施令，下级依令而行，第一线人员往往缺乏自行处置的权利，难以适应快速多变的外部环境。由于信息技术的日新月异，加快决策的压力猛烈地冲击着政府的决策系统，政府组织需要对不断变化的社会做出迅速的反应。面对同样的压力，在企业界中，经理往往采取分权的办法，通过减少层级，授权和分散决策权来解决决策效率的问题。新公共管理也相应地提倡用授权、分权的办法来对外界变化迅速做出反应。“授权根据对象的不同可大致分为三种形式：一是组织授权，即政策、规制组织向提供服务的组织和服务型组织授权。二是雇员授权，即公共机构向机构内的工作人员个人授权，使他们在工作中拥有一定灵活处置的权力。三是社区授权，即对于某些社区和社群需要的服务，政府部门不再直接提供，而是在给予一定财力支持的前提下，授权给社区或社群，让他们自己解决问题，自我服务”。“新公共管理”认为，与集权的机构相比，授权或分权的机构有许多优点：比集权的机构有多得多的灵活性；对于新情况和顾客需求的变化能迅速做出反应；比集权的机构更有效率；比集权机构更具创新精神；能够比集权的机构产生更高的士气、更强的责任感、更高的生产率。新公共管理理论要求政府应善于下放权力，实行参与管理，通过积极合作，分散公共机构的权力，简化内部结构上的等级；注重信息技术的运用，提高公共服务部门的效率，重视公共部门的人力资源开发与管理。政府要重视公众的需求，把公众视为顾客，政府应像企业一样具备“顾客意识”，受顾客驱使，建立明确服务标准，改善服务质量，降低政府服务成本，提高行政效率。

5. 公务员不必保持中立。

新公共管理学派对建构在政治—行政分离基础之上的传统公共行政学科的发展状况极其不满。他们指出，由于传统二分论观念使行政研究局限在一个非常狭窄的领域内，尤其把研究焦点放在行政机关预算、人事、组织以及大量其他中性问题上。相反，很少重视与社会、政治密切相关的政策制定与政策分析等研究，使政府行政管理远离于社会危机处理的需要。在看待公务员与政府官员的问题上，“新公共管理”与传统政府行政管理存在着明显的分歧。传统政府行政管理强调政治与行政的分离，强调公务员保持政治中立，不参与党派斗争，不得以党派偏见影响决策等。“新公共管理”则认为：鉴于行政所具有的浓厚的政治色彩，公务员与政府官员之间的相互影响是不可避免的。正视执行机构和公务员的政治功能，不仅能使公务员尽职尽责地执行政策，还能使他们以主动的精神设计公共政策，使政策能更加有效地发挥其社会功能。这体现了新公共管理者重视激励、鼓励公民参与的价值取向。因此，与其回避，倒不如正视这种关系的存在。基于这种看法，“新公共管理”主张给予部分高级公务员行政使命，让他们参与政策的制定过程并承担相应的责任，以保持他们的政治敏感性。在“新公共管理”看来，这样不仅能使公务员尽职尽责地执行政策，还能使他们以主动的精神设计公共政策，使政策能更有效地发挥其社会功能，这体现了新公共管理者重视激励、鼓励公民参与的价值取向。

6. 政府应放松严格的行政规则，实施明确的绩效目标控制。

新公共管理反对传统行政管理重遵守既定法律、法规，轻绩效测定和评估的做法，主张放松严格的行政规则，实行严明的绩效目标控制，即确定组织、个人的具体目标，并根据绩效目标对完成情况进行测量和评估。他们认为，虽然任何组织都必须具有规章才能运行，但是过于刻板的规章会适得其反。“我们接受规章和繁文缛节以防止发生坏事，但是同样这些规章会妨碍出现好事。它们会使政府的办事效率慢得像蜗牛爬行。它们对正在迅速变化中的环境不可能做出反应。它们使得时间和精力的浪费成为组织结构的固有组成部分”。新公共管理者认为，企业家式的政府是具有使命感的政府。它们规定自己的基本使命，然后制定能让自己的雇员放手去实现使命的预算制度和规章。这样的组织比照章办事的组织的士气更高，更具有灵活性、更具有创新精神，从而更具有效率。在为数不多的国家——新西兰和澳大利亚显然是典型的例子——业绩奖励是“拱顶”式改革，即基本体制改革先于更加灵活和自由的付酬体制。

加强对公共服务部门的绩效评估。绩效评估是通过科学的方法、程序和标准，对公共服务部门的成就、业绩做出客观、准确的评价。正如美国学者马克·霍哲（Marc Holzer）所说：把业绩评估作为一个衡量程序的过程或系统来看，是有益的，这种衡量在于组织机构评价它们目前与以前的业绩相比，与其他机构相比究竟做得怎么样，并在多大程度上达到了声称的目的和目标。公共服务部门的绩效评估内容包括效率和成本效益、顾客满意度、投入产出比率、服务质量等方面。在实践中，绩效评估主要以 3E 为标准。即 Economy（经济）、Efficiency（效率）、Effectiveness（效益）。在具体操作中可以根据工作特点和组织性质设计的一系列指标体系，进行量化分析。从而对公共服务部门的服务改进提出指导性建议，同时也让政府对公众的需求更负责任。

三、从传统官僚制度到后官僚制度

尽管西方各国政府为应对社会转型发展，需要克服传统官僚制度给社会带来的各种问题，但是完全摒弃官僚体制并非可能。在席卷各国新公共管理运动过程中，政府对传统官僚制度进行了许多改革，有人把其称为后官僚制度，其主要特点是：

1. 政府的角色由“划桨手”变为“舵手”。

在官僚制度时代，特别是美国实行“罗斯福新政”以后，政府的角色主要被界定为收税和提供各种公共服务，如医疗保健、学校教育、职业培训、环境卫生、供水供电、基础设施、社会治安、福利救济等等。随着社会生活的日益复杂化和福利国家的发展，要求政府提供的公共服务越来越多，政府的官僚机构也日益庞大。这不仅导致行政效率日益下降，而且还造成愈益严重的入不敷出的财政危机。为了克服这种危机，西方国家尤其是英美两国的一些地方政府，开始把一些公共服务交给社会上的非政府组织（包括私营组织、非赢利组织、志愿者组织等）去生产，政府则主要为公共服务的生产指出方向、进行规划、创造条件、提供保障。这既减轻了政府的负担，又有利于提高效率。人们把政府角色的这种变化形象地称之为由“划桨手”到“舵手”的变化。

2. 公共服务的生产由垄断变为竞争。

西方20世纪80年代以来的行政改革不是简单地把公共服务交给非政府组织去生产，而关键是把竞争机制引入到了公共服务的生产之中。本来，公共产品的特性就是供给上的无竞争性和消费上的无排他性，所以传统上公共产品（即公共服务）的生产一般都是由政府垄断的。但是，垄断性生产一般不会关心成本的降低、质量的提高和服务的改善。因此，垄断常常是低效率的，而且它也是导致公共部门官僚主义日益严重的一个重要根源。为了改变这种状况，美国的一些地方政府率先把竞争机制引入到公共服务之中。它们不仅鼓励各种民间组织参与福利性公共服务的生产，而且还把传统上历来属于政府的活动范围，如消防、城市垃圾收集、监狱、法庭、社会治安等，也向社会和私营组织开放，并通过招标等手段鼓励私营组织之间、私营组织和公营组织之间以及公营组织与公营组织之间的竞争。

3. 用社区的自我管理代替官僚式的管理。

官僚制度管理发展的一个重要后果是，随着官僚机构管的事情越来越多，社区和公民的自我管理能力越来越低。反过来，社区和公民的自我管理能力越低，人们就越依赖于官僚机构管理。这种恶性循环不仅造就了日益庞大的官僚机器，而且导致了人们依赖性的增长，造成了大批不负责任的公民，使依赖于福利救济、依赖于吸毒酗酒成为西方社会严重的问题之一。为了克服这种官僚式管理的弊端，早在上个世纪70年代，西方社会就出现了一些抵制官僚控制的自发运动，如要求进一步控制社会福利系统的福利权利运动，要求更多地控制城市发展和公共服务的社区运动，要求让精神病患者对自己所处的环境有更大控制权的出院运动，要求让个人对自己的健康有更大控制权的全面健康运动等。后来一些地方政府开始对这些要求做出反应，逐渐把公共服务的所有权和管理权从官僚和专业人士手中转到社区手中，由社区实行自我服务、自我管理。如由教会帮助安置难民，由社区开发公司、住户合作社等开发低廉住宅，由家长代表、社区代表和教师代表共同管理公立学校，由工人参与职工训练计划，利用社区的志愿调解人员来平息日常的争端，由社区的志愿者回收废品、提供医疗保健等。在他们看来，这不仅能减轻政府的负担，而且更重要的是能提高人们的自治能力。

4. 以组织的使命代替官僚机构的繁文缛节。

官僚制度的弊端之一就是默顿指出的容易导致目的和手段的颠倒。规章制度的制定本来是为了更好地实现组织目标，但过分繁琐的规章制度以及照章办事的官僚作风，又常常妨碍着组织目标的实现。照这些繁琐的规章办事，有可能限制少数坏人，防止发生某些坏事，但它也束缚了大多数好人，使好事也难以实现。为了革除这种官僚主义的弊端，西方的一些政府尝试用一些办法消除多年积累的规章和过时的陋习。如实行“日落”法，即对一项计划或一个规章规定一个日期，到时该计划或规章除非再获批准，否则从此失效。又如实行零基预算法，即要求各机构证明它们每年预算的每个部分都是正当的。除了要摆脱妨碍组织目标实现的繁琐规章以外，一些地方政府还通过建立有使命感的组织和有使命感的预算制度来促进组织目标的实现。建立有使命感的组织，主要是通过制定使命声明，帮助组织成员明确组织的目的，明白自己应该干什么，不至于把手段当作目的。建立有使命感的预算制度，主要是采取“支出控制式预算”法，代替原来预算中的明细分类项目，以便使管理人员在实现组织目标时有更多的财政方面的自主权。

5. 变官僚驱使的政府为顾客驱使的政府。

在官僚体制下，提供什么样的公共服务，提供多少，服务的对象是谁，一般都由官僚自身来决定，公众（即顾客）对政府提供的服务基本没有选择的余地。其结果，公众在同政府打交道时，常常遇到的是以恩赐者的姿态出现的傲慢的官僚们，而这些官僚除了取悦于控制拨款的上级机关和立法机关之外，对于他们应该服务的顾客常常是忽视的。这种情况与企业恰恰相反。企业是为赢利而存在的，但它却千方百计使顾客满意；政府本应是为公民服务而存在的，但大多数政府组织却无视顾客的要求。为了改变这种状况，西方国家的一些政府机构开始把企业管理中的全面质量管理法引入到行政管理中，要求各个组织经常听取顾客的意见，了解顾客的需求，并让顾客给提供服务的公务人员打分。有些则把应该提供的公共服务以契约形式明确下来，以便接受公众的监督。这方面最重要的改革就是一些政府改变了资源的控制方式，把原来官僚机构控制的资源交给顾客，由顾客自由支配，从而迫使公共部门改进自己的服务。比如，原来政府为解决就业而实施的培训计划是把钱拨给培训机构，而受训者只能到指定的机构中去接受培训。这样，由于培训机构不管培训的效果如何总能保证拿到钱，所以它们也就没有动力去提高自己的培训质量。现在的办法是把钱直接拨给需要受训的人，由他们自己选择想学习的学校，这就促使培训机构为自己的生存而努力提高培训质量。

6. 变集权式管理为分权式管理。

官僚制度是一种强调上级支配下级、下级服从上级的集权式等级制度。在这种体制中基层工作人员没有自主权，因而也没有积极性和主动性。这种管理体制不仅不能适应迅速变化的情况，不利于提高士气和增强基层工作人员的责任感，而且还容易导致瞎指挥、低效率等官僚主义的弊端。为了克服这些弊端，一些政府组织开始通过给基层工作人员以更大自主权的办法，鼓励雇员参与管理、承担责任，以分散过分集中的权力，调动雇员的积极性、主动性和创造性。同时，除了下放权力到最基层之外，一些政府机构还注意利用协作式组织去完成经常变化的任务。这种协作组织打破了原有的部门分割和等级壁垒，以任务为导向，根据情况不断变化组织的结构、程序和人员的构成，因而具有较高的灵活性。另外，像法、美等国还注意下放过分集中的中央权力，扩大地方政府的自主权。这些都反映了西方行政管理中的分权化趋势。20 世纪 80 年代以来西方政府行政管理中的这些改革尽管还没有成为一种全新的、普遍的制度被固定下来，但这些试图克服官僚制种种弊端的努力，确实预示了西方进入信息社会后公共行政发展的一种新方向。这种发展虽然有着不同于我们国家的社会历史背景，但有些经验还是值得我们借鉴的。

第二节　政府管理模式创新

一、政府管理模式的新类型

在新公共管理运动中出现了不同的市场化模式来代替传统的官僚制政府干预模式，主要有四种模式：企业化政府模式、参与政府模式、灵活政府模式和放松规制政府模式。这些模式有着市场模式共同的行政理念，即在现代市场经济条件下，对传统政府的职能结构、机构设置、行为方式、管理手段、行政文化等作全面、彻底的清理，以政府的革命性的变化，更好地适应行政环境的变化和服务于公共利益。

1. 企业化政府模式。

企业化政府模式主要涉及公共行政与私人行政关系的调整。西方国家习惯将立法、行政、司法三权分立中的行政称为公共行政，将公共行政部门履行公共职能以实现公共政策目标的活动称为公共管理。与此相对应，私人企事业单位的管理活动即被称为私人行政。公共行政与私人行政在目的、方式等方面存有诸多差别，这种差别虽为客观存在，但并非不可逾越，特别是在方式、方法上的相互借鉴，这一问题在新一轮政府改革中引起了学者的广泛关注，其中比较有影响的是美国学者戴维·奥斯本和特德·盖布勒的观点。他们认为，要造就充满活力的政府，企业化政府不失为一种可供选择的模式。

在企业化政府模式下，公共行政部门将下放部分决策和执行权力，建立私营或半私营的企业来提供过去由政府部门垄断的公共产品和公共服务，希望通过成立多家竞争性机构来提供同样的产品和服务，以此提高服务质量。强调积极进取的政府行为和个人责任，因此采用尽可能少的层级平板式组织结构，“在平板的组织结构下，组织的领导者和组织机构同外界打交道所取得的最低收益都要比科层制度更为有效”。同时，通过聘用合同制，在合同中规定需要达到的绩效，以此来对行政官僚进行控制，采取绩效同工资奖金挂钩的灵活薪酬模式，废除官僚制中的固定工资制度，激励行政官僚多、快、好、省地完成行政事务。并给予行政官僚极大的执行权，使他们对决策与执行的市场的反馈信息能作出灵敏的反应。

企业化政府具有10个特点：（1）企业化政府是起催化作用的政府，在公共管理过程中，政府的主要任务是制定政策（掌舵）而不是直接提供某项服务（划桨）；（2）企业化政府是社区拥有的政府，政府应把自己的触角更多地深入于社区，通过政府与市民的互动，使公众直接感受政府的关怀，并造就有高度自助能力的市民；（3）企业化政府是竞争性政府，对外，政府通过竞争性招标方式，促使各私营部门之间为提供公共服务而展开竞争。对内，政府通过工作竞争机制，促使各公共部门之间展开以“赢得顾客”为目标的质量竞争；（4）企业化政府是有使命感的政府，政府通过清除过时的规章和陋习，实现从重程序、重过程、重投入、重规则的传统行政文化向重目标、重结果、重产出、重使命的新行政文化的转变，建立起新的责任机制和使命文化；（5）企业化政府是讲究结果（效果）的政府。政府围绕使命进行业绩管理，并在业绩测量的基础上实施新的激励机制；（6）企业化政府是受顾客驱使的政府，政府以顾客为本、靠拢顾客、倾听顾客的呼声，将各种资源直接交与顾客，让顾客自主选择公共服务的提供者；（7）企业化政府是有事业心的政府，政府努力从管理人转变为企业家，以用钱而省钱并兼顾挣钱，培养起公务员浓厚的成本意识和节约意识；（8）企业化政府是有预见的政府，政府通过预见性决策，用少量的费用预防问题的出现而不是用大量的费用治疗出现的问题；（9）企业化政府是分权的政府，政府通过组织结构的扁平化，减少行政层次，疏浚行政信息传递的通道，并通过广泛的行政参与，分散公共机构的权力，调动起各方面的积极性；（10）企业化政府是以市场为导向的政府，政府应抛弃对行政性计划的特殊偏好，将自己的职责定位于组织市场，并努力将市场机制引入到公共部门的管理之中。

2. 参与政府模式。

参与模式又称授权模式，它“否认官僚体制在提供公共服务方面的核心地位，取而代之的是寻求合作方式和利用个人参与来加强政府效能。官僚体制在某些功能上仍然有其存在的必要，但人民自己可以在整个体制上发挥更重要的作用。”① 它是允许下层的行政官僚更多地参与到决策过程中来，从而否定了传统的政治与行政分开，决策与执行分开的做法，也从实践上否定了官僚制模式下把官僚排斥在决策层之外。因为从这一理论看来，行政官僚，尤其是低层次的官僚，他们是最能接触到具体情况的团体，因而也就更能够真实、准确、及时地掌握到第一手资料。别外，他们还具备了相当的专业素养，让他们参与到决策过程中来，这样会使决策活动更为可靠，更具有操作性。并且通过释放一点点的参与权可以获得公共行政的效率和行政官僚的忠诚，他们又何乐而不为呢？

参与政府模式主要涉及政府组织内部层级关系的调整。在由高、中、基层构成的政府组织中，基层虽处于组织结构的底部，但却有着极为重要的地位。首先，基层行政人员数量多，是整个政府组织中拥有人力资源最为丰富的部分。其次，基层行政机关和人员是政府组织与社会公众正面接触的部分，他们的行为与活动直接影响政府形象、政府威信以及公众对政府的评价。再次，由于基层行政机关和人员同社会公众的直接接触，因此他们必须对所出现的问题及时决策，否则就有可能激化矛盾，这就使得基层行政机关和人员从行政决策的被动执行者转而变成了行政决策

① 〔美〕B·盖伊·彼得斯：《政府未来的治理模式》，中国人民大学出版社 2001 年版，第 72 页。

的创制者。事实证明，大量决策既不是由政治家，也不是由高级文官创制，而是由基层行政机关和人员创制的。但是，在传统政府组织中，基层行政机关和人员仅被当作了命令的服从者和决策的执行者，他们受到来自政府组织高层的严格的层级节制，没有灵活处置的执行权，更没有因地制宜的决策权，整个政府组织因基层组织的被动而显得缺乏活力，行动迟缓，难以获得较高的行政效率、较好的行政效益和肯定的社会评价。针对这些情况，参与政府模式主张对传统政府组织的层级关系进行大幅度调整，下放权力（尤其是决策权力）于基层行政机关和人员，以达到开发基层人力资源、调动基层人员工作积极性和重塑政府的目的。参与政府模式实施的具体措施主要是减少政府组织层次，缩小行政高层与基层的沟通距离；建立各种委员会或机构，改自上而下的集权式决策方式为自下而上的参与式决策方式，将基层行政人员直接吸收于行政决策过程；对行政人员实施以团队为单位的评估与奖惩，增强行政人员的团队意识，提高行政人员的整体质量。

3. 灵活政府模式。

灵活政府模式（Flexible Government Model）也被译为弹性化政府模式，是指“政府及其机构要有能力根据环境的变化制定相应的政策，而不是用固定的方式回应新的挑战”①，只有灵活有弹性的组织结构才可能适应迅速变化的外部世界。

这是四种替代模式中最不成熟、最不完善的一种模式，这种替代模式主要是为了解决政府常设机构中的僵化问题。诚如我们所知，官僚一旦被录用，将成为终身制。机构设置也常常如此，一旦设置，机构将很难撤销。而现代社会所面临的许多问题不是哪一个部门所能解决的，并且许多问题也是暂时的。因此，许多机构在问题解决后将不再发生作用，常设该机构必然导致资源的浪费。此外由于官僚与机构的终身制与常设制，使得官僚对机构

① 〔美〕B·盖伊·彼得斯：《政府未来的治理模式》，中国人民大学出版社2001年版，第87页。

自身的利益的关注超出了对政策、对责任的关注。并且在常设制和终身制下，官僚对政策的理解与执行固定化、格式化了，很难跳出旧有的模式去思考所面临的问题，更谈不上创造性地理解和执行政策了。因此，采用灵活政府模式，对出现的问题设置新的机构，一旦问题解决，机构的使命也就终结。采用此种模式，可以缩小政府规模，节约政治成本，有利于官僚发挥他们的创造性。同时保证机构内雇员的流动性，不断地给组织带来新的气息。

灵活政府模式主要涉及政府组织与政府雇员关系的调整。在传统行政体制下，政府雇员一旦进入了政府组织，只要本人愿意且无重大工作违误，即可终身任职。政府雇员任职终身制对于培养政府雇员对政府的忠诚、积累政府雇员的工作经验、提高政府工作效率、保持公共政策执行的连续性等都有重要价值，但同时也会滋养政府雇员的惰性，使其固步自封。针对这种情况，灵活政府模式主张增加政府组织的灵活性，在政府组织中引入“临时雇员制度”，尽量设置临时机构（例如一些特别委员会、项目小组等）、雇用临时人员完成行政任务，特别是新增行政任务。一旦任务完成，这些临时机构和人员即告撤销。这种做法既可以改善政府组织状况，使政府组织保持对行政环境变化的快速应变能力，又可以避免“永业制”对政府雇员的消极影响，使政府雇员保持敏锐的判断能力和积极的创新、进取精神。

4. 放松规制政府模式。

放松规制政府模式（Deregulating Government Model）又称“解除管制政府模式”、“非管制政府模式”，该模式理论主要涉及政府与公务员、政府与公众关系的调整。一方面，在传统的行政组织中，公务员受到严密组织和繁琐规章的双重束缚，只能照章办事、循规蹈矩，绝少权变决策的机会，不仅其自身潜能、创造力和积极性得不到充分发挥，而且工作效率低，影响社会整体利益。另一方面，由于公共部门规章制度繁琐，行政程序繁杂，政府公共服务的成本过高，不仅造成了政府的官僚主义和腐败，而且加重了公众的负担和政府与公众的对立、摩擦。对于公务员来说，放松政府规制通过废除过多、过繁的行政规章、行政程序，突破了科层官僚制把决策作为政治家特权的传统做法，使政府公务员获得了更多的权变决策机会和执行规章制度的灵活性，使其能够最大限度地发挥自己的创造力和工作积极性，并由此造福于社会整体利益。对于公众来说，放松政府规制减少了行政程序或手续，使公众获得了来自政府的简便、快捷的服务，较好地协调了政府和社会各方面的利益关系。

放松规制政府模式认为，“释放公共部门蕴藏的能量，以提高政府管理的水平，也就是解除内部的繁文缛节的限制，使政府的活动更具有创造力、效率和效能”①。既然官僚掌握了大量的专业知识和信息，让他们参与到决策活动中来，这样会使决策基础更为坚定。因此，他们给予官僚以更大的自主权。通过放松对政府内部的监控来使官僚的潜在能量和创造力充分释放出来，这样使官僚机构充分自如地利用自身的技能和资源，达到政府运作效率大大提高的目的。放松规制政府模式就是要使政府更具有企业精神。

二、政府管理模式创新的理论意义

作为一场风行世界的公共行政改革运动，作为一种新的理论范式与实践模式，新公共管理是政府管理改革的必然产物，反映了人类进入全球化、信息化、市场化与知识经济时代对各国公共管理尤其是政府管理的必然要求。

1. 新型政府管理模式提供了一种公共管理的新模式，变官僚驱使的政府为顾客驱使的政府公共管理模式。传统的管理模式下，公众对政府提供的服务没有选择的余地，政府官员常以傲慢

---

① 〔美〕B·盖伊·彼得斯：《政府未来的治理模式》，中国人民大学出版社2001年版，第110页。

的恩赐者的姿态出现，对他们应该给公众提供的服务常是忽略的。与传统公共行政相比，新公共管理强调的政府公共政策化和公共管理社会化，预示着公共行政模式的根本性变革。从传统行政模式在社会总体中的位置和运行特征来看，传统行政模式的主要特征有：(1) 政府是公共管理的主体，且政府的公共管理无所不在；(2) 随着人类社会的发展，政府的公共管理职能分化出许多专业的领域；(3) 政府机构膨胀的趋势不可避免；(4) 政府在承担公共管理职能时，具有公共预算总额最大化倾向，造成高成本、低效率。新公共管理是以公共选择理论为依据，强调政府公共管理社会化和公共政策化趋势。新公共管理理论是把企业中全面质量管理法引入到政府管理中，要求政府公共服务部门了解顾客的需求，并且以契约形式明确公共部门应该提供的服务，以便接受公众的监督。通过建立提供公共服务的多元结构，促使供应者之间产生竞争，从而提高了供应的效率。

2. 新型政府管理模式提供了政府治理工具的选择。在传统行政条件下，人们基本上将政府的行动视为执行政府单方意志，实施政府权威的过程。这样，政府治理工具的选择就集中在传统的强制性工具，政府治理不是政府与政策标的群体和服务对象之间的一种博弈策略，而是政府运用权力，对社会实施强制性的管理过程。新公共管理者严厉批评了这种认识的错误，认为政府治理是共同解决自己的问题和满足我们社会需要的实施过程，并且明确指出：无论是传统的自由主义还是传统的保守主义都不是解决现在各级政府面临的问题的有效之道，今天各国不需要什么大政府或小政府，而是需要一个更好的政府，说得更精确一些，需要更好的政府治理。关于更好的政府治理工具的选择，新公共管理学者发现，各国政府在解决治理问题时，已摸索出一些新的行之有效的治理工具，例如奥斯本和盖布勒宣称“除了传统公共行政提供公共服务的常规办法之外，还有 36 种不同的其他选择办法”。这些工具是：(1) 传统类工具。包括建立规章制度与制裁手段、管制或放松管制、监督和调查、颁发许可证、税收政策、拨款、补助、贷款、贷款担保、合同承包。(2) 创新类工具。包括特许经营、技术支持、公私伙伴关系、信息、公共部门之间的伙伴关系、介绍推荐、半公半私企业、志愿者服务、公营企业、有价证券、采购、后果费、保险、催化非政府行为、奖励、召集、非政府领导人开会、改变公共投资政策、政府施加压力。(3) 先锋类工具。包括种子资金、股权投资、自愿者协会、共同生产或自力经营、回报性安排、需求管理、财产的出售、交换和使用、重新构造市场。奥斯本和盖布勒还指出，政府不仅可以单独使用他们发现的这些工具，而且可以将这些工具糅合起来变换着使用。这样，可供政府选择的新治理工具及其组合就无穷无尽了。可是，对那些想采用这些工具的政府来说，又该怎样选择呢？新公共管理学者提出许多的解决办法。以美国纽约城市大学的萨维斯教授的观点为例：萨维斯教授首先根据物品和服务的安排者、生产者以及付费者不同，将物品和服务制度安排分为政府服务、市场系统、志愿者服务、自我服务等十种类型，然后根据经济学中的物品理论，将世界上的物品和劳务分为四类，即个人物品、收费物品、集体物品、公共池塘物品。

三、政府管理模式创新的实践价值

新公共管理是各国政府为了适应社会经济的发展和满足公众的要求，对涉及公众利益的各种公共事务所实施的有效管理。它强调的是政府的社会管理和公共服务职能，而使政府的政治职能相对淡化。这一定义与传统政府管理相比，至少有以下四方面的积极内涵：第一，新公共管理不是对传统模式的简单否定，而是对政府行政的积极发展。这种发展突出地反映在政府为了适应外部环境变化，对履行政府管理职责的理念、方式以及管理过程的控制等所做出的新的选择。第二，从管理理念方面看，政府由过去单纯地注重效率，发展到效率、效益以及社会公正、平等并重，并把提高管理与服务的社会效益、保持公共管理的公正、公平等放到了突出的位置。第三，表现在管理方式方面，新公共管理意味着打破传统的由政府垄断的管理方式，在行政体系内部以及政府向社会提供的公共服务领域，更多地引入市场机制，用企业精神改造政府管理，并把管理的主体也扩大到非政府公共机构领域，运用授权、委托、代理等方式，调动更多的公共机构参与公共服务与管理中来，不断探索实行公私合作的途径。第四，从管理过程来看，由过去更多地关注管理过程，发展为更多地关注管理的结果，并把投入、产出、成本、效益等重要概念引入公共部门的管理之中。

新公共管理改革浪潮在西方各国的普遍展开，对政府管理产生了深远影响，在相当程度上改善了西方国家政府的公共管理水平。第一，推进政府职能的转换。在传统政府模式下，政府不仅制定政策，而且亲自提供服务。在信息万变的社会环境下，政府试图向社会提供垄断性服务并将耗尽它们的精力和智慧，将使政府什么都做又都做不好而陷入困境。新公共管理的“企业家政府”充分发挥市场与竞争的作用，用企业精神来改革政府，政府不再是无所不包、无所不做的公共服务的提供者。政府的精力主要是做好决策工作，而把具体的服务性工作承包给私营企业和非营利机构去做。第二，推动公共组织的变革。新公共管理是对传统的官僚组织机构的变革，在这一模式下，政府仍然是专门的公共管理机构，但它们往往以单一的、独立的形式出现，而在政府之外，还出现了许多私营部门或半私营部门及“合作式组织”，原先由政府承担的公共管理职能很大一部分可以由这些部门来承担。此外，在政府内部组织之间，分权使复杂的组织模式层次减少，组织之间由以权力为纽带而变成以契约为基础。第三，防止行政权力的腐败。人为设计的以权力制约权力的机制为腐败的滋生留下了空间，这是传统公共行政中永远无法治愈的痼疾。新公共管理却表现出了消除腐败的趋向：顾客至上改变了原先行政体系的主体中心主义，主体的边缘化使腐败丧失了发生的根据；服务定位使行政行为更加贴近其公共性，消除等级化的特权和特权意识；公共服务的公开竞标，增加了行政行为的透明度，使“暗箱”操作的机会最小化。第四，导致政府组织文化的革新。新公共管理强调企业性的价值，要求政府部门领导和雇员更新旧观念，吸纳新思想，而不是保守怕事，随遇而安。新公共管理所引发的公共组织的横向联系网络的发展，也将开阔组织成员的视野，提高其工作能力。

第三章 政府职能与能力

第一节 公共权力与政府职能

一、公共权力与政府职能的形成

公共管理特别是政府的行政管理权力是保障公共管理职能得以实现的必要条件和资本。因此，研究公共管理活动，不能不涉及对权力的研究。但长期以来，权力一直被认为是一个难以捉摸的概念。政治理论家对权力作过许多的定义。如马克斯·韦伯认为“权力是一个人或一些人在某一社会行动中，甚至是在不顾其他参与这种行动的人进行抵抗情况下实现自己意志的可能性”。罗素认为“权力可以定义为有意努力的产物”。克特·巴克认为“权力是在个人或集团的双方或多方之间发生利益冲突或价值冲突的形势下执行强制力的控制”。亨利·艾伯特认为“某一个人或团体有能力影响一个人或团体的活动，就是权力。权力使某一行为出现，要不然本来是会发生另一种不同的行为的”。《不列颠百科全书》把权力定义为：“一个人或许多人的行为使另一个人或其他许多人的行为发生改变的一种关系。”绝大多数学者同意罗伯特·达尔对权力的一种较为宽泛的定义，即把权力看做人类间普遍存在的一种影响力。

马克思认为公共权力作为一种“从社会上产生但又自居于社会之上，并且日益向社会脱离的力量”，其目的是“缓和阶级冲突，把冲突保持在执行的范围内”，以防止“在无谓的斗争中毁灭自己”。按照霍布斯和洛克等人的社会契约理论，公共权力作为人们“联合意志”的代表，其主要作用是避免人类因缺乏“共同权力”而导致的“战争状态”。因此，公共权力可以被认为是公共管理主体管理社会公共事务所享有的合法资格和相应的强制力和约束力。它是由社会共同需要产生的，目的在于维护公共利益及维持、调整和管理整个社会生活的基本秩序[①]。

在人类社会早期的氏族时代末期，氏族社会的公共权力归全体氏族成员。公共权力行使的目的是为了全体成员的利益，氏族成员自愿服从行使氏族公共权力的氏族首领的管理。随着社会生产力的发展和所有制的出现，产生了阶级对立，国家也在氏族的基础上发展起来。这里的公共权力一方面是阶级的统治工具，另一方面也具有管理社会、促进社会发展的职能。

公共权力产生之后，就要在各个公共组织之间进行分配，确定各公共组织管辖公共事务的范围大小。公共权力的分配有纵向的层级分配和横向的职能分配。纵向的层级分配就是公共管理组织按照纵向的管理层次自上而下地分配权力。一般而言，管理事务范围广，作用带有全局性的公共组织所分配的权力多一些；管理事务范围窄，作用带有区域性的公共组织所分配的公共权力就少一些。因此，管理层级越高，公共权力越大，管理层级越低，公共权力越小。横向的职能分配是指公共管理组织各层级内部根据其职能和业务性质不同，对公共权力进行横向划分，形成各层级内部不同的职权关系。公共管理组织内部横向的各业务部门的权力范围和力度基本上是均等的。

二、政府职能的特征

职能，在自然科学和社会科学中，亦译称功能。在生物学上所使用的功能是指“生物中竞相达到同一目标的共同积极属性”。更准确地说，功能就是机体的某个组成部分所做的贡献。社会学家，从斯宾塞起，把生物学家在有机体范畴里确定出来的这一概

① 刘丽霞主编：《公共管理学》，中国财政经济出版社2002年版，第309页。

念用到分析集体和集团方面。其基本点是将有机组织的概念同社会组织的概念融合在一起。认为一种体系的各个部分都要对整个体系履行某种功能或职能，任何体系都是功能的统一体。马林诺夫斯基认为“对任何一种活动来讲，它的功能就是指这个社会生活中它应承担的角色，因而也是它对维持结构的连续性上所起的作用”。

政府职能，简单地说，就是一个社会的行政体系在整个社会系统中所扮演的角色和所发挥的作用。从政府行政体系及其与社会系统相互作用来看，政府职能具有如下的基本特征：

1. 整体性。政府行政体系和行政行为不是孤立的和独立的。它是高级系统的一个子系统，同时又是整合本身内部各次级系统的高级系统。各大小系统之间密切配合，相互依存，成为一个完整的统一体。由于行政系统的这一特征，政府职能也具有完整性的特点。政府职能的内容广泛，从静态上看，涉及社会经济、政治、军事、公安、文化、教育、科技等社会生活诸领域；从动态上来看，包括政府所进行的计划、组织、协调、控制等一系列环节和步骤。随着科学技术的进步和社会经济的发展，政府职能呈现出扩大趋势，其内容的广泛性将更加突出。

2. 社会性。政府职能源于社会的需求。政府系统不能闭关自守，政府职能的范围和内容应当视社会需要而定；不能自我独立地确定自己的行为，它的职能应当根据政治和社会的需求做出，只有这样，它才能更好地履行自己的职能。

3. 适应性。由于职能的内容、范围源于社会的需求，随着社会政治、经济、文化的发展变化，政府职能也在不断发展和变化。把政府职能进行及时的调整与适应正是政府行政体系赖以生存与发展的前提条件。

4. 差异性。在不同的历史时代和不同的环境条件下，尽管政府的基本职能维持一定的稳定性，但随着生产力和社会发展水平及程度的改变，政府职能的重点、内容、强度和实现政府职能的方式均表现出差异。在农耕经济时代，政府不需要过多干预社会事务，其职能自然局限于较小的范围之内；现代工业社会和信息时代，由于社会经济活动的复杂性和人类活动的影响不断扩大，使原来许多属于社会自我管理和市场自动调节的职能进入政府领域，从而使政府职能的内容和范围发生现代变化。此外，不同的社会经济体制也使政府职能存在着差异。在资源配置以市场为基础的经济体制下，政府对社会生活、尤其是经济生活的干预是有限度的；在高度集中的计划经济体制下，政府直接担负组织市场和保障供给的任务，其职能则广泛得多。

三、政府职能的一般类型

政府应当具有哪些职能，或者说政府究竟应该做些什么，对于这一命题，自古到今有着不同的回答。200 多年前，英国古典自由主义代表人物亚当·斯密在《国富论》中为政府设定了三项基本职能：第一是保护社会免遭其他社会的暴力行为和侵害；第二是保护社会成员免遭其他社会成员的侵害和压迫并主持正义；第三是建立并维持公共设施和公共工程。到了现代自由主义，则主张将政府和政府职能削减到最小程度、将政府存在的唯一目的设为保护竞争的市场制度以最大限度实现个人自由。

哲学家罗素认为政府有两种职能：消极职能和积极职能。消极职能，即制定并实施法律，防止个人暴力行为，保护生命财产；积极职能，即帮助实现大多数人的普遍愿望。马克思主义认为，政府有两种基本职能，一种是政治统治职能，一种是社会管理职能。国家的政治统治是以执行某种社会职能为基础，而且只有它在进行了这种社会职能时才能维持下去。这就是说，政治统治职能与社会管理职能是相辅相成的关系：社会管理职能的执行取决于政治统治；而政治统治的维持又必须以执行某种社会管理职能为基础。

政府行政管理，事实上涉及两大领域：一是社会公共事务；二是政府公共行政管理系统的自身事务。据此，政府的职能可以划分为两大范畴：一是政府对社会事务管理方面的管理；二是政府对自身事务的管理。政府对整个社会公共事务的管理，是政府的基本职能，即政府通过自身的力量推动社会体系发展的职能，它涉及政治、经济、文化、社会等多个方面。政府对自身体系的管理，是政府的运行职能，它涉及政策的管理、资源的管理（组织、人事、财政等）和执行的管理。政府的基本职能和政府的运行职能是相辅相成的，行政运行体系的发展是实现政府基本职能的一个条件，而政府基本职能体系则是行政体系赖以维持生存的基础，也是政府职能的目标和目的。

前资本主义的奴隶制、封建制国家，基本上是皇权、王政，并无现代意义上所说的政府。在王政之下，国家有执行行政职能的政府机构，但这种行政职能常常是和国家职能混为一体。奴隶制国家是人类历史上出现的第一个国家类型，它的行政职能，主要体现在以下的特点：第一，行政职能的内容主要是政治职能，其构成非常简单，主要是对内统治和压迫奴隶阶级，对外防御外来入侵或进行武力扩张，从而保障有利于本国奴隶主阶级的社会秩序和阶级利益，经济职能和社会管理职能非常少；第二，经济职能的主要内容是税收，其他方面十分微弱；第三，行使行政职能的手段比较单一，主要是暴力性的行政手段。

封建制国家在欧洲存在了1000多年，在我国则存在了2000多年。封建国家行政职能的特点主要是：第一，封建制国家行政职能的重点仍是政治职能，从对内和对外两个方面维护统治阶级的生存和发展；第二，与奴隶制国家相比，封建制国家行政职能中经济职能的比重有所增加，国家在经济发展方面承担了较多的任务，已经注意由国家出面管理一些社会经济发展所需要的事务，如组织修筑大型水利工程和交通工程、实行某些商品的专营专卖等；第三，封建制国家承担了比奴隶制国家更多的社会管理职能，如兴办教育、组织社会公共事业、赈济难民等；第四，封建制国家在行政职能时，已注重采取软、硬两种手段达到统治目的，能够在相当程度上实行怀柔政策，并利用宗教和伦理道德对臣民进行思想统治。

四、市场经济条件下政府的主要职能

1. 政府的政治职能。

政府的政治职能是指政府在国家和社会中所起的政治作用，其目的主要是提供政治秩序和促进民主发展。提供政治秩序是政府职能中最基本的职能。一般地说，政治是阶级社会的必然产物，政府存在的首要目标就是维护统治阶级的统治，保证其执政地位。为此，政府必然建立以其统治的合法性为核心的政治秩序。这样一个政治秩序包括以下内容：

(1) 有利于统治阶级掌握国家政权的政治、经济、法律和文化的制度环境；

(2) 维护统治阶级利益的政治、经济、社会和文化的公共政策；

(3) 军队、警察、监狱等暴力机器，对内镇压被统治阶级的反抗，对外侵略或防御外来侵略，维护统治阶级的利益；

(4) 从中央到地方的政府网络结构及其必要的附属设施；

(5) 以制度和文化等形式，维护政府的权威性和相对稳定性；

(6) 保障政府机关及其工作人员的合法权益，包括工作和生活方面的工资福利待遇等；

(7) 向社会和公民征收的维护政府正常运转所需要的赋税、劳役和兵役等。

政府在通过提供这样一个政治秩序来维护自己统治的同时，在现代市场经济条件下，它还必须具有促进民主发展的职能。因为，民主是任何国家的政府进行政治统治的合法性源泉。从这个意义上讲，政府的民主发展职能也是政府政治职能实现的必要前提。所谓促进民主发展就是要保证公民都应该享有同样的权利，不允许有特权的存在；同时还要保证每个公民都有参政议政的权利，任何组织和个人都不能凌驾于其他公民之上，也不能剥夺公民应该享有的各种民主权利。

2. 政府的经济职能。

市场经济本质上是一种自由、平等竞争的经济，能够实现资源的有效配置和经济效率。但是市场经济不是万能的，市场机制不能解决所有经济活动中的问题，仍然存在一些市场机制本身无法克服，甚至是市场机制导致的问题，这些称之为“市场失灵”。因此，在市场经济中，政府承担的一般职能就是解决市场机制自身无法解决的问题，弥补市场失灵。

(1) 建立公平、公正和公开的市场竞争机制。市场经济条件下，哪些事情能够做，哪些事情不能够做，哪些行为是允许的，哪些行为是不允许的，都需要立法来说明和确定。而更为重要的是，有了有关法律、法规，政府各主管部门要坚决贯彻、严格执法、加强有关监督及奖惩措施，以维护正常的市场竞争秩序。为此要设立相应的监督机构，如反垄断部门，对那些不规范的竞争，政府要予以法律和制度上的制约。

(2) 提供社会公共产品和服务。随着社会经济的全面发展，生产社会化程度日益提高，人们对各种公共产品和服务的需求种类和数量也越来越多、越来越高。由于公共产品和服务的特殊性质，不能主要依靠私人来提供，尤其是纯粹的公共产品和服务，大多数非纯粹的半公共产品和服务，由于其投资大、周期长、投资回收慢、甚至难以收回投资，也不可能完全由私人提供。因此，在这些方面，政府必须作为社会公共产品和服务的直接提供者，满足社会的需求。

(3) 调控经济运行，保持宏观经济稳定。政府对经济过程的调控，是现代社会经济活动中不可或缺的重要组成部分。政府应当通过各种宏观调控手段，保证经济总量和结构的平衡，以缓解经济周期的到来和减轻经济波动的影响。为了维护市场秩序和竞争制度，规范各市场主体的行为，特别是在垄断存在的情况下，政府必须为经济运行立规则，维护秩序。

(4) 收入再分配和社会保障。市场机制引发的收入分配差距过大和不公平的问题，需要通过政府的收入再分配政策解决。随着政府收入再分配政策的系统化和规范化，社会保障制度就逐步建立和完善。社会保障制度是通过社会范围内有规则地提供保险、救助和福利措施，使社会生活在公平、公正和安定的原则下正常运转、顺利发展，不受意外事件、各种可测和不可测风险的干扰，最终实现社会的安定团结局面。可以说，社会保障制度是现代市场经济体制的安全网和减震器。一个完善的社会保障制度包括社会保险、社会救助和社会福利三个组成部分，社会保障的构成主体是政府、商业保险机构和民间非赢利团体。其中，政府提供覆盖全社会最基本保障的领域，它是市场机制本身无法替代的，因此，在市场经济中，政府是有责任和义务，从全社会的角度来统筹规划社会保障体系。

3. 政府的文化职能。

历史发展表明，任何阶级的政治统治和治理，都离不开思想统治，即意识形态的统治。意识形态的统治是统治者用表达自己利益与意志的思想对全社会的统治。任何阶级在获取与巩固政权的过程中，总是试图将本阶级的利益和反映这种利益的思想和文化上升为普遍的利益和思想。政府的文化职能，最为核心的是维持政府合法化的职能，即维护和弘扬一种意识形态，用以说明和论证统治与治理的合法性。国家权力一旦合法化，就会转化为一种特殊的影响力——政府权威。这种权威不仅仅比赤裸裸的强制可靠和持久，而且还能使统治者用最少的资源进行控制，因为："与用强制性手段相比，用权威手段进行统治要经济得多。"[①]

政府维护对社会思想的统治，是通过这种社会化来实现的。政治社会化就是形成、维护和改变社会成员的态度、信仰和感情的过程。每个政府都负有管理执行社会化的机构（如教育管理部门、文化管理部门），并通过家庭、学校、大众传播工具和政府

---

① 罗伯特·达尔：《现代政治分析》，上海译文出版社 1987 年版，第 79 页。

组织等具体机构履行这一职能。政府的文化职能主要包括：（1）意识形态职能；（2）发展科学技术和教育职能；（3）发展文学艺术和体育卫生职能；（4）加强道德建设的职能；（5）清除没有社会价值并且有害的文化产品的职能。

4. 政府的社会职能。

政府致力于改善、保障公众物质文化社会的活动和措施，都包含于政府的社会职能之中。这种职能，主要是政府的社会福利职能，它是政府政治职能实现的基础。任何类型的现代国家，它的政治职能，只有在执行了某种社会职能时才能延续下去。

政府的社会职能一般包括以下几个方面：（1）各种社会保险安排，如失业保险、医疗保险、养老保险、人寿保险；（2）社会福利制度，如对残疾人、没有生活能力又没有人赡养和照顾的孤寡老人，政府要给予一定的照顾；（3）为那些低收入家庭的正常生活提供救济，对那些依靠工资收入无法维持正常生活的家庭和个人给予必要的生活补贴，维持社会的公平和稳定；（4）对自然灾害的救济，如洪水、地震、森林火灾、大规模传染病等；（5）合理利用和分配自然资源，保护生态环境，实现可持续发展。

第二节　政府能力

一、政府能力的内涵界定

政府能力（Government Capacity）是公共管理学和现代政府理论的主要研究问题之一。政府能力的高低对于一个国家的发展以及政府治理社会的状况至关重要，亨廷顿甚至认为："国与国之间最大的政治分野，其实不在于政府的组织形式，而在于政府的有效程度"。[①] 这里的有效性即是能力。[②] 1997 年世界银行发

---

① 塞缪尔·P·亨廷顿：《变化社会中的政治秩序》，三联书店 1989 年版，第 1 页。

② 张国庆：《行政管理学概论》，北京大学出版社 2000 年版，第 555 页。

展报告就认为“如果没有有效的政府，经济的、社会的可持续发展是不可能的。有效的政府——而不是小政府——是经济和社会发展的关键”。[①]

政府能力的重要性吸引了众多国内外研究者，他们从不同的角度对政府能力的内涵进行了界定。国内学者施雪华在其《政府权能理论》一书中较早进行了概括。在西方学者中，美国学者G·A·阿尔蒙德认为：抽象地说，政府能力是指政府能否成功适应环境挑战的程度。具体来说，政府能力是指建立政治行政领导部门和政府行政机构，并使它们拥有制订政策和在社会中执行政策，特别是维持公共秩序和维护合法性的能力[②]。D·C·斯通认为，政府能力是指政府从事规划与执行政策、计划、方案或措施，以实现共同目的的机关能力。J·R·柯尔曼认为，政府能力主要指政府获取应有的资源，用以满足其公民的基本需求的生存能力。R·T·兰兹则不同意把政府能力说成是简单的生存能力，他认为政府能力应当包括政府在与环境系统的互动关系中求得成长与发展的能力。R·霍金斯认为，政府能力建设的核心课题，乃在抉择与发展各项政治和行政制度的安排，就是说，政府能力建设带有浓厚的政治色彩。[③] 台湾政治学者张世贤认为：政府能力是指一个政府能够符合时代的趋势，具有国际上的竞争力和合作力，增进国民生产力，提升社会水准的整体能力。[④]

在国内学者的研究中，胡鞍钢、王绍光认为政府能力主要体现为政府将自己的意志、目标转化为现实的能力。[⑤] 施雪华运用

① 世界银行：《1997年世界银行发展报告——变革世界中的政府》，中国财政经济出版社1997年版。

② 〔美〕加布里埃尔·A·阿尔蒙德等：《比较政治学：体系、过程和政策》，上海译文出版社1987年版，第433页。

③ 施雪华：《政府权能理论》，浙江人民出版社1998年版，第305—307页。

④ 张世贤：《公共政策析论》，台湾五南图书出版社1986年版，第149页。

⑤ 胡鞍钢、王绍光：《中国国家能力报告》，辽宁人民出版社1993年版，第3页。

辩证唯物主义和历史唯物主义的方法论，提出政府能力是：为完成政府职能规范的目标和任务，拥有一定的公共权力的政府组织所具有的维持本组织的稳定存在和发展，有效地治理社会的能量和力量的总和。从形式上看，政府能力是社会全体或公民多数委予政府治理社会的权能所延伸的能量和力量；从本质上看，政府能力是统治阶级为维护自己的阶级利益，委予政府的统治和管理社会的权能所延伸的潜在的或现实的能量和力量。它既可指整体的或曰综合的政府能力，也可指某个方面或曰单项的政府能力。[①] 张国庆从公共行政学的角度认为，与政府的行政职能相一致，政府能力主要指现代国家政府即国家行政机关，在既定的国家宪政体制内，通过制定和执行品质优良、积极而有效的公共政策，最大可能地动员、利用、组合、发掘、培植资源，为社会和公众提供广泛而良好的公共物品和公共服务，理性地确立社会普遍遵从的正式规则并积极引导更为广泛的非正式的社会规则，维护社会公正和秩序，形成有效调节社会关系和社会行为的制度及其机制，进而在比较的意义上促进国家快速、均衡、持续、健康发展的能力。有效性是政府能力的核心概念。[②] 沈亚平认为政府能力是一个综合概念，与政府职能、政府行为、社会环境等要素都有联系，政府能力是指处于一定社会和自然条件下的政府，在掌握行政管理规律的基础上，维持组织自身的存在和发展，并积极回应外部环境变迁，引导和促进社会有序、健康发展的能量和力量的总和。[③] 刘靖华认为政府能力是政府获取、运用和整合相关资源并将其转化为新产品和服务的能力。汪永成认为：政府能力是一个政府在实现自己职能，从事某项活动过程中所拥有的资

---

① 施雪华：《政府权能理论》，浙江人民出版社 1998 年版，第 309 页。

② 张国庆：《行政管理学概论》，北京大学出版社 2000 年版，第 562 页；刘靖华、姜宪利等：《中国政府管理创新总论》，中国社会科学出版社 2004 年版，第 119 页。

③ 沈亚平主编：《社会转型与行政发展》，南开大学出版社 2005 年版，第 306 页。

源、能量。[①]

从以上概述中能够看出，国内外学者从多个视角对政府能力的内涵进行了界定，如政府主体、政府客体、政府与环境的互动、政府政策与工具、政府活动的结果和政府职能等。综合比较来说，本书同意汪永成的观点，从政府职能的角度对政府能力进行界定更为接近其本质[②]。“尽管正如马克斯·韦伯指出的，我们不能根据职能或任务来定义政府，因为政府的职能和任务会因时间和国家的不同而不同。事实上，政府需要履行许多职能，也需要完成许多任务。因此，政府需要具备一系列能力，而且这些能力还要与时俱进。”[③]

二、政府职能与政府能力关系

政府职能与政府能力之间是一种互动的密切关系，既有区别又有联系。金太军较早对二者关系进行了比较，政府职能是指政府在一定时期内根据国家和社会发展的需要应该承担的职责和功能，它涉及的是政府应该做什么、不应该做什么的问题；而政府能力则指政府实际能够履行这种职责和功能的程度，它要解决的是政府如何去做、通过什么方式去做的问题。可见，政府职能框定了政府能力的基本内容和发展方向；政府能力的大小强弱则决定了政府职能的实现程度。二者互为条件、相互依存、缺一不可。在政府职能相对拓展的当今，政府能力及其提升，对于提高政府的公共行政管理水平，有效地履行其职能，进而推动经济社会的发展，都具有突出的现实意义[④]。

---

① 汪永成：《经济全球化与中国政府能力现代化》，人民出版社 2006 年版，第 38 页。

② 汪永成：《中国现代化进程中的政府能力》，《政治学研究》2001 年第 4 期。

③ 〔美〕菲利普·施密特：《民主化、治理和政府能力》，《经济社会体制比较》2005 年第 5 期。

④ 金太军：《政府职能与政府能力》，《中国行政管理》1998 年第 12 期。

张国庆区别了现代国家政府的宏观公共行政能力与政府职能[①]。在政府基本职能确定的条件下，政府的宏观公共行政能力实际上是政府履行政府职能的能力。政府职能是一个职与能互为表里、相互依存的问题。其中职是政府职守，主要指国家最终权力主体即全体国民通过法律及约定俗成的形式赋予政府关于实施国家公共行政管理的任务；能就是政府公共行政能力，主要指政府为完成上述任务所建立的正确的行政观念，以及在行政观念指导之下运用公共行政权力、完善政府管理功能、解决公共行政问题、以及有效解决其他社会问题的能力。就政府有效地履行其职能而言，职与能是互为条件、缺一不可的。在政府职能相对扩展的现代社会历史条件下，政府的宏观公共行政能力及其提升，对于提高政府的公共行政管理水平以实现积极高效的行政，对于实现政府的职能而推动社会的发展，具有突出的现实意义。

从理论和实践层面的比较上看，政府职能与政府能力之间存在以下关系：第一，从理论研究层面看，政府合理职能的存在是政府发挥能力的前提。长期以来政治学、公共管理学和现代经济学在研究政府的作用时，首先需要明确政府与社会、政府与公民、政府与非公共组织之间的分工关系，也即政府的职能定位，合理分工确定的政府职能不仅是政府能力的前提，更为重要的是它反映了公民社会、民主政治、市场经济的理论内核与价值追求。第二，从政府管理改革的实践看，政府职能的调整是政府能力变化的基础。各国政府治理国家、改革政府管理体制等行为，也即政府能力的体现，其高低程度取决于政府是否适应现代社会迅速发展要求，进行准确的方向性判断与道路选择，及时调整政府职能，在此基础上，提升政府管理能力，推动社会平稳转型。第三，从政府能力对政府职能的影响而言，政府能力有一定的相对独立性。正如汪永成的观点："政府能力一经形成，它可以以自己的主观愿望选择政府职能的具体内容——虽然这种主观能动

① 张国庆：《行政管理学概论》，北京大学出版社 2000 年版，第 563 页。

性最终受制于行政环境的客观约束。”① 政府一旦建立强大的社会控制能力，极有可能不断突破原有的职能限制，借助政府公共权力的扩张，肆意扩大政府职能范围，最终突破政府与社会、公民之间界限，走上孟德斯鸠所言“权力滥用的道路”。

三、政府能力的基本特性

政府能力的基本特征是区分政府能力与其他概念的性质或者标准，不同的学者对此有不同的概括。

施雪华较早对政府能力特征进行了分析，认为具有六个特征②：（1）政治性。主要是从两个角度而言：一是政府能力旨在维护统治阶级的政治、经济和文化等方面的根本利益。二是政府的任何能力都是从统治阶级或全体公民的“政治意志”转换而来的，政府能力自然源于全体公民的“政治委托”。政府能力的大小取决于统治阶级或公民“政治意志”的“委托”程度。（2）管制性。政府能力管制性的含义：一是强制性，任何政府贯彻其意志的最后力量或曰后盾是强制性的暴力：军队、警察、监狱等。对违抗政府意志的任何集团或公民，政府一般均有强制其服从的能力。二是权威性，政府是国家对外主权的代表，对内最高治权的主体，社会其他机关、组织、团体和个人均没有政府这样的权威性能力。三是普遍指向性，政府能力涉及国家对内对外各方面的关系，涉及几乎社会生产和生活的一切领域，政府能力对社会一切阶级、阶层、集团和个人都有或大或小的影响。（3）服务性。政府是统治阶级实行政治统治的工具，政府的任何能力都是为了实现统治阶级的这个基本目标。为此，政府在结构和功能上必须做出必要的安排，以便服务于实现这个目标。完善政府结构功能，提高政府能力，本身并不是目的，目的在于更好地维护统

① 汪永成：《中国现代化进程中的政府能力》，《政治学研究》2001 年第 4 期。
② 施雪华：《论政府能力及其特征》，《政治学研究》1996 年第 1 期。

治阶级的利益。（4）整体性（或综合性）。政府能力是个整体系统，政府能力是由各种分支能力构成的，但政府的整体能力或曰综合能力大于各个单项的政府能力之和，政府能力的整体性或曰综合性要求政府各分支能力之间相互配合，互补长短，而不是简单相加或互相抵消。（5）层次性。政府能力虽然是一个整体，但不是简单的相加，而是互补长短。（6）流变性。随着时间的流转和空间的变换，政府能力将在时间和空间上出现流动变换。

汪永成认为政府能力作为一个复杂的现象，在其《经济全球化与中国政府能力现代化》一书中，从七对关系中探讨了政府能力的特征[①]：（1）工具性与价值性。工具性指的是政府实现其职能目标的手段或媒介；价值性是鉴于能力对于实现政府目标的特殊重要性，政府往往也将获取和提升具有工具价值的政府能力作为自己某项行为的直接目标，所以说，政府能力具有价值性，成为某些行为的直接目的。（2）阶级性（集团性）与公共性。政府能力的阶级性是旨在维护和实现统治阶级的政治经济和文化等方面的根本利益。公共性是指政府能力用来维护全社会共同利益和处理社会公共事务的力量，是社会的"公器"。（3）积极性与消极性。积极的政治观认为，只要赋予政府以足够的能力，只要个人把其权利和自由毫无保留地让渡给政府，政府就无所不能，包括变人间为天堂[②]。消极的政治观认为，相对于社会力量来说，强政府和强中央不一定是件好事，它会造成国家权力的过分膨胀和对个人经济自由权利的侵害，不应使政府的"能力和权力过于庞大"，使政府有所作为的最好办法就是对政府权力和能力加以必要的限制。（4）变迁性和稳定性。政府能力一经形成，就会作为能量相对稳定地保留下来，成为政府从事管理活动和实现其职能必备的条件。随着生产力的发展，公共事务的不断分化，政府

① 汪永成：《经济全球化与中国政府能力现代化》，人民出版社2006年版，第44—48页。

② 刘军宁：《善恶两种政治观与国家能力》，《读书》1994年第5期。

履行的职能日益复杂多样，新的政府能力不断产生和发展起来，政府能力的结构不断演进。（5）物质性和精神性。政府能力是由表现为物质形态的“硬力量”和表现为精神与智力形态的“软力量”构成。每一种政府能力都是物质力量和精神力量的统一。（6）开放性与边界性。政府能力是一个与行政环境存在着物质、能量、信息交换的开放系统。政府能力系统与政党的能力、企业的能力、社会组织的能力等有相对的边界。（7）主体规定性和客体制约性。作为政府实现其职能所拥有的能量，政府能力绝非政府一相情愿的事情，政府能力强弱“既依赖于政府本身的特点，也依赖于政府试图驾驭的那个社会的特点”。[①]“政府自主活动潜能和服务活动潜能在主客体互动关系结构中所形成的限度，体现了政府能力的实质，理解政府能力既要考虑到行政主体的权力行使，又要考虑到行政客体的服从。”[②]

① 《布莱克维尔政治学百科全书》，中国政法大学出版社 1992 年版，第 294 页。
② 张国庆：《行政管理学概论》，北京大学出版社 2000 年版，第 137 页。

第四章　新公共管理与中国政府能力建设

第一节　社会转型期中国政府能力

一、中国社会转型的基本特点

社会转型是指社会结构及其运行机制从一种形式向另一种形式转换的运动过程，它具体地表现为社会结构、社会运行机制以及价值观念等方面的转换。进入新世纪以来，随着中国经济的快速增长，中国社会转型更加复杂，呈现出以下特点。

1. 经济社会生活市场程度不断提高。改革开放 30 多年来，我国市场经济发展取得了很大成绩，中国经济生活的市场化程度以前所未有的速度前进：非公有制经济迅速发展，它们在全国经济总量中的比重有大幅度提高；价格自由度大大提高，各类专业生产市场和消费品市场逐渐形成规模和一体化；经济关系契约化，利益主体之间的利益交易行为及各自的权利义务由契约规定，受法律保护，整个经济生活处于充满活力的有序状态。但是，伴随市场经济发展也产生了一些人们不愿意看到的现象，如缺乏市场道德、谋取暴利和非法操作等，这些有损于市场经济和社会的不良行为依靠市场自身是无法解决的，必须有赖于政府社会公共职能的存在和参与。

2. 社会群体之间的利益关系日益多元化。改革开放以前，我国社会的利益结构具有高度整体性，公有制是社会唯一的利益源泉，各种集体组织是社会的基本利益单元，利益分配趋向平均。确立市场经济发展目标以后，我国社会的整体性利益结构开始解体：利益源泉多元化，各种非公有制经济形态打破了公有制一统天下的僵化局面；利益单元逐渐个体化，个人的利益主体地位得到确认，社会利益单元充满活力；伴随着人们利益意识的觉醒，人们的逐利行为日趋公开化；由于利益单元在利益确认和追求上的差异，利益单元之间根本利益一致基础上的具体利益矛盾渐趋活跃，由此而引发的利益竞争使我国社会摆脱了动力匮乏状态，进入到良性发展轨道。

3. 人民群众的政治生活日益民主化。在市场经济发展的基础上，我国同时也开启了政治生活民主化的进程。主要表现为：明确宣布共产党作为执政党，必须在宪法和法律许可的范围内开展活动。党对国家机关的领导仅限于政治、组织和思想领导；强化了人大权威，加强了立法工作。经过 30 多年的努力，形成了以宪法为核心，以民法、刑法和经济法等各方面基本法律为支柱的社会主义法律体系，使我国政治、经济和文化、科技诸多领域作到了有法可依。废除了领导干部职务实际上存在的终身制，恢复、完善并加强了多党合作的民主协商制度和民族区域自治制度；扩大了基层民主，村民自治的实行，使我国民主政治有了实质性的进展。

4. 社会公民的主体意识日益明晰。随着我国市场经济的发展，我国公民的主体意识开始觉醒并日趋成熟，公民及社会开始承认并尊重个体之独立的价值，个体地位凸显；利益多元化和政府控制的弱化使公民个体的自由度增加，人们在自我设计、自我选择、自我生存和自我发展的过程中，锻炼了自主能力，也增强了自主意识、独立意识和责任感；人们逐渐认识宪法和法律所赋予的权利的价值，逐渐产生了作为民主政治精神底蕴的公民权利观念。社会主义市场经济和民主法治建设的目标确立以后，我国社会发生了很大变化，整个社会开始从高度集权控制状态向民主法治转变。在这一转型过程中，我国传统的公共行政模式也开始发生了变化，这种变化主要体现在公共行政的价值取向和目标模式的选择上日趋市场化，这种变化与新公共管理运动的途径基本相近。

二、社会转型对政府能力的挑战

社会转型是一个复杂的变革过程，政府面临着来自政治、经济、文化、社会等层面的巨大挑战。

1. 政治层面的挑战。政府在政治层面的挑战主要体现在政策制定，政策执行，政治资源的汲取、政治资源的保护以及政治稳定和政治发展等方面上。转型社会对政府在政策制定和执行方面的挑战来自体系内和体系外两方面。体系外的环境特征具有变动性、复杂性、无序性，所以在信息输入方面的混乱和失真在所难免。对体系自身来说，结构和功能贯彻阻碍重重，所谓的“你有政策我有对策”时有发生，腐败现象屡见不鲜，权钱交易甚为严重，地方主义日渐抬头等等政治衰败现象不一而足。同时，政治参与的膨胀对政治体系的压力不断增大，社会与政府间张力日渐增强。政府机构的不断扩大导致政治成本快速增大，国家机器渐趋臃肿庞大，不久将会因负担过重而开始丧失它适应社会要求的灵活性和敏捷性。这一切因素的存在共同构成政治稳定和政治发展的危机与困境，从而形成对政府能力的强有力之挑战。

2. 经济层面的挑战。社会转型在经济层面的最大变迁是由计划经济向市场经济的转轨。在计划经济体制下，政府通过对经济体系的全面控制来行使功能，政府对物质资源和非物质资源的管理是直接的、指令性的，由计划经济向市场经济的过渡实际上是政府不断退出经济领域而市场逐步成为资源配置的主要手段的过程，这一过程中政府遇到的挑战是巨大的。主要表现在“政府贫困化”、通货膨胀、国营大中型企业亏损、经济增长瓶颈、分配不公等方面，此外政府在宏观调控、计划指导、法制构建、市场监督等方面也遇到全新的课题。

3. 文化层面的挑战。转型期的文化变异是不可避免的。在价值层面、心理层面、生活层面形成对旧的信仰体系的消解，同时又对新精神依归的苦苦寻觅。转型期最可怕的状况是旧的价值体系被打碎，新的价值观又不能及时建立起来，形成价值真空，进而导致文化迷失。其间，平等观与等级观的对立，一元与多元的冲突，市场伦理与计划观念的矛盾，精英文化与大众文化的抵牾，所有这些关系盘根错节，经纬万端，使文化发展呈现出纷乱杂陈之态势。道德衰败、享乐盛行、解嘲神圣、玩世不恭、心绪迷乱、漂荡不归，这种"后现代"文化观日渐抬头对主流文化的示威和挑战是无可限量的。

4. 社会层面的挑战。社会的稳定、发展和繁荣是改革开放的根本目标，是衡量政府绩效的综合参数，但是在转型期，这一目标似乎是可欲而难求的。社会转型是一个社会动员和经济发展的过程。城市化的进程，文化的普及，"分利集团化"的形成，价值观念的变异，社会期望的增强，社会流动机会的增多，参与的膨胀，社会挫败感的增强，使社会的稳态难以维系。对于转型期的中国政府而言，目前来自社会层面的挑战主要体现在人口爆炸、福利保险尚未确立、资源浪费、环境污染、社会盲流、城市膨胀、黑社会抬头、治安混乱、失业剧增等方面。对一个转型社会而言，这些现象可能在所难免，但它确实形成了对政府能力实实在在的挑战。①

社会转型意味着无组织能量的释放，政府能力之提升则意味着对秩序和规范的重新建构。从理论上讲，政府能力之提升与社会转型之间是一个悖论。能力悖论，即社会转型在不断破坏和抑制着政府能力的生长，同时又有着大量的能力需求，政府能力供给与社会发展的能力需求之间彼此不平衡的状况十分明显。②

克服社会转型的政府能力悖论，迫切需要加强中国政府的能力建设。首先，政府是社会转型的领导者。我国社会正在发生的社会转型属于渐变模式的社会转型，从社会转型目标之确立、方

---

① 窦立夫：《论社会转型期的地方政府能力》，《学海》2002 年第 2 期。

② 黄建洪：《论中国社会转型期的政府能力弱化与治理》，《四川行政学院学报》2010 年第 1 期。

略之选择到轻重缓急之控制，都是在政府的统一领导下进行的。从某种程度上讲，渐变模式更具有复杂性，因为进步与落后、改革与保守、否定与继承、守业与创新、渐进与激进等等因素，纷乱杂陈，良莠难分。如果政府没有强有力的政策制定能力、贯彻执行能力，那么，以政府为主导的社会转型就只能是缘木求鱼，如梦幻泡影了。其次，政府是社会转型的保障者。社会转型实际上是一个从有序到无序再到新秩序的正反结合过程，按照马克斯·韦伯的社会秩序观即“社会分层，社会组织和社会体系”来分析，这一过程表现为原有社会分层界限的打破，社会组织的重组以及社会体系的重新整合，其间的社会角色转换、价值嬗变、利益分化、体制瓦解等形成一股强大的“无组织力量”进而产生无序与混乱，而只有强有力的政府才能在混乱中求得新的整合，任何其他社会组织都无此能力。没有强有力的政府作为社会转型之保障，社会转型就只能陷入高度无政府状态。

第二节　新公共管理改革对中国政府能力建设的启示

从实践上看，目前我国面临着与世界各国相同的国际背景，处于经济全球化、信息化、市场化的大趋势。紧密跟踪国外尤其是市场经济国家政府管理实践的新变化，分析发达国家政府“新公共管理”改革的经验教训，借鉴其理论、方法及模式中的合理因素，对提高社会转型期中国政府能力意义重大。

一、新公共管理对中国政府公共管理改革的启示

1. 新公共管理的市场化改革方向与中国的经济体制改革方向是一致的，因此，新公共管理思想是转换我国政府公共管理模式，满足社会主义市场经济发展的需要。

我国正处于计划经济向市场经济的转型时期，这是我国政府公共管理目前所处的最主要的国内环境。在高度集中的计划经济

体制下，我国在政府公共管理方面，长期奉行社会主义制度和计划管理体制必须对政治、经济、文化和社会生活都实行高度集中管理的指导思想。政府包揽一切，权力延伸到社会的每一个角落。按邓小平的话说，就是政府管了许多“不该管、管不好、管不了”的事。在市场经济中，企业作为市场主体具有独立的地位，它们自主地做出经济决策，独立性承担经济风险；在价值规律的作用下，市场对资源配置起基础的作用；政府的主要任务则是宏观调控和提高公共服务。由计划经济体制向市场经济体制的根本转变，客观上要求政府必须打破传统的行政管理体制，建立起适应社会主义市场经济要求的新的公共管理架构。这种架构，不仅体现在政府管理内部各种关系之间，更重要的是体现在政府与社会、政府与企业、政府与市场、政府与公民等各种外部关系之间。我们必须跳出政府自身，站在整个社会的高度，重新对政府进行全方位的审视，借鉴新公共管理思想，把握公共管理发展的客观规律，重新界定政府的角色，重新设置政府的职能，重新设计政府的运行机制。

2. 新公共管理提倡的精干政府理念，适应了我国政府深化公共管理改革的需要。

长期以来，我国政府公共部门一直被机构臃肿、队伍庞大、效率低下、财政危机、官员腐败等问题所困扰。针对这些问题，建国以后，我国曾进行过多次以精简机构、人员为主要内容的行政改革，虽然也取得了一些阶段性成效，但却始终未逃脱“精简—膨胀—再精简—再膨胀”的怪圈。20 世纪 90 年代提出建立社会主义市场经济，对政府改革提出了新的要求，也为其注入了新的动力。但是，由于受主客观环境的制约，政府改革基本上还是在传统的政府管理体制框架内进行，局限于政府内部关系的调整，而没有真正意义上涉及到政府与社会、政府与公民、政府与国家等更为重要的关系，以及政府角色、职能、行为规范、效率与质量、绩效评估等更为重要的内容。因此，政府机构改革的效果也是相当有限的。借鉴新公共管理的思想和方法，适时地推进我国的政府管理体制是非常有必要的。

二、中国政府管理能力建设对新公共管理改革的借鉴

新公共管理既是西方特定的社会、政治、经济条件的产物，也是西方社会从传统工业社会向后工业社会转变，向网络技术经济时代转型的实践探索，凸现政府管理与社会转型之间的规律，对中国政府管理及能力建设的理论和实践具有较多可供借鉴之处。

1. 新公共管理在公共管理领域借鉴科学的企业管理方法，如目标管理、绩效评估、成本核算，对提高我国政府工作效率具有极大的促进作用。

我国政府机构长期以来一直存在效率低下的现象。造成这种现象的原因是多方面的：由于长期实行计划经济体制，造成权力过于集中，政府管了许多不该管、管不好、也管不了的事；由于组织机构不合理，机构重叠，从而使得职责不清，互相掣肘、扯皮；由于行政法规不健全，任意增加编制，从而造成机构庞大、臃肿、人浮于事。“新公共管理”强调政府公共管理应当像企业管理那样，将效率放在首要位置。这一思想是有一定借鉴意义的。为了提高效率，政府管理人员首先应树立效率意识，增强活力，用有限的资源创造更多的公共产品，提供更好的服务。

尽管政府公共管理与企业管理或私营部门的管理在各自的目的、对象和方法上有种种差异，完全采用企业管理特别是私营企业的管理方法来管理公共事务，并不完全合适，但企业管理的科学性，重视市场需求和顾客的反馈等，是可以为公共管理所借鉴的。通过将企业管理的讲求投入产出，讲求成本核算的精神引入政府公共管理之中，可以提高政府管理人员的责任感，同时还可以更为科学地衡量管理人员的工作业绩。

2. 将竞争机制引入政府公共服务领域，是打破政府独家提供公共服务的垄断地位的有效途径。

新公共管理调整政府与社会、市场之间的关系，将竞争机制引入政府公共服务领域，如实行“政府业务合同出租”、“竞争性招标”，鼓励私人投资和经营公共服务行业，打破政府的垄断，既提高了公共服务的效率和质量，同时也缓解了政府财政困难。我国在公共服务领域特别是基础设施行业长期存在着因资金短缺而造成的“基础瓶颈”的状况，严重制约了国民经济的整体发展和市场机制的有效运作。因此，可以借鉴西方的做法，在加强“产业管制”的同时，在一定范围内允许和鼓励非国有产权进入这些领域与国有产权合作或单独投资和经营，这有利于形成公共服务供给的竞争机制和压力结构，提高其经济效益和社会效益。例如在具有自然垄断性质的电信、电力、铁路运输、自来水和燃气供应等基础设施产业中进行这些方面的改革，改变了我国长期以来在基础设施建设中存在的“瓶颈”现象。这有利于形成公共服务供给的竞争机制，提高公共服务的有效供给，从而产生更好的经济效益和社会效益。

3. 放松政府的行政管制，增强市场的自由度是新公共管理运动的重要内容，这对于从计划经济向市场经济转变的中国经济而言，具有很好的借鉴作用。

如何放松政府对许多行业和领域的垄断是我国当前政府改革面临的重要而又紧迫的问题。尽管我国目前尚处在法制不健全、制度供给不足阶段，健全法制、完善规章制度，仍将是今后一个时期我国行政改革的一项重要任务，但因此得出结论说中国的政府改革不存在“规制缓和”，将是错误的。从某种程度上说，放松政府对企业及公民个人生活方式的不适当、不必要的事前管制乃是中国政府改革的首要任务。在现阶段的中国，作为政府管制基本表现形式的审批、许可，不仅范围过宽，而且审批、许可程序繁琐，随意性很大。因此，中国的政府改革一方面要追求公共管理的法制化，另一方面，又面临着减少限制性规章，放松对公民、法人和其他组织的活动的管制，特别是事前管制的繁重任务。

4. 新公共管理模式有助于我国建立依法行政的体制。

新公共管理注重遵守既定的法律和规章制度，向注重实际工作绩效，特别是顾客（社会公众）的满意程度方向发展。这应被视为是西方公共行政管理和人事管理更为成熟的一种标志。当然，我国现阶段政府公共管理和人事管理面临的主要问题和当务之急是建立和健全一套行政法规和人事法规，并保证这些法律法规的贯彻落实，实现行政管理和人事管理的法制化。但我们是否也应该思考这样的问题：我们的政府归根到底是人民的公仆，因此在制定和实施法律法规时，应始终以人民的根本利益为取向，始终贴近社会现实，贴近公众需求。

5. 新公共管理模式有助于提高我国政府的“公共服务”的意识和理念。

学习企业精神，树立“服务”理念是新公共管理运动的一项重要内容。西方实行新公共管理的国家政府吸纳了“顾客满意”的经营管理战略，把现代企业经营理念运用于现代公共管理活动。现代公共管理之所以要具备企业经营理念，是因为它对社会公众来讲，同样应当具备以顾客为中心，以追求顾客满意为基本精神，以公共管理的社会价值为重点，以社会和顾客的期待为理想目标。在公共管理中引入顾客满意战略，推行以顾客为导向，表现出一种把顾客满意作为行政权力和行政行为的目标导向的趋势。目的是要把传统公共物品生产和提供的生产者驱动机制变为消费者驱动机制。全世界已经有许多国家推行以质量和顾客满意为目标的服务承诺制度。因此，建立企业经营理念，是重塑公共管理的前提。新公共管理提出顾客原则，即认为政府不是凌驾于社会之上的、封闭的官僚机构，而是负有责任的“企业家”。企业家式的政府视公民为“顾客”，以“顾客”的需求为导向提供优质服务。这对传统政府管理理念是一种激进改变，是观念的巨大更新。我国宪法规定“一切权力属于人民”。行政组织和公务员皆是人民“公仆”，必须为人民服务。但是，我们历来强调的是政治意义上的“服务”，忽视契约关系上的“服务”。政府与公民，一方是收税人，一方是纳税人。公民纳税养活政府并放弃一部分自由，让政府控制、协调社会，这样，二者之间就产生了契约关系。与此同时，公民通过选举推出自己利益的“代言人和机构”。作为收税人和代言人的政府机构及其公务员就应履行其承诺，提供公民满意的服务。但在我国政府工作实际中，这种服务观念远没有得以体现。

6. 新公共管理思想有助于降低我国政府的行政成本，从而提高公共管理的效益。

首先，新公共管理把管理的成本与效益有机地结合，推行横向的顾客介入机制，依靠顾客自由选择带来的压力来提高服务质量。通过横向的顾客介入机制和赋予“顾客主义”形成的压力，使公共机构的顾客能够被更直接吸收到管理决策中，增加公共服务的公开性和透明度，促使公共机构提高服务质量。其次，坚持结果取向，改变过程中不注重结果的习惯。在传统体制下，政府管理担心程序胜于结果，结果往往是难以预测，事后才能看到结果且富有争议性而程序则是立竿见影，广为人知的，而且也是由法律或规章明确规定的。因此现代公共职能要求把视线从关注权力的运行过程转向关注管理效果上来。具体体现为，通过在公共组织内部引进市场检验方法，仿效企业效益的市场评价机制，实行绩效评估、全面质量管理，来改变忽视效果的传统管理方式，以服务顾客为目标取向，以公众满意程度作为评估绩效的主要尺度。从而形成一个重工作结果而不是工作过程的高效率、低费用的公共管理职能。最后，实行目标管理与全面质量管理是政府公共管理过程中进行成本控制的重要方法，把企业管理中的先进的管理方法和技术移植到行政管理中来，尤其是在企业管理中已经普遍并取得很好的实践效果的目标管理、全面质量管理、绩效评估、成本核算、战略规划等方法，广泛应用到公共管理领域，以促使政府管理的系统化、科学化、现代化。

第三节　中国政府管理模式创新与政府能力建设

一、建立“以人为本”新型政府管理模式

全心全意为人民服务，是我国各级政府的根本宗旨。“以人为本”，是这个根本宗旨和治国理念的集中体现。做到“以人为本”的宗旨，就是一切为了人民群众，一切依靠人民群众，在执政的过程中切实保障人民群众的经济、政治和文化利益。

人民组成社会，为了共同生活和共同发展的需要创建了政府，目的是要政府为自己服务。在民主社会的公共管理体制中，政府的责任首先表现为对国家权力主体的公民或代议机构负责，从根本上说，政府的一切公共行政行为，都必须符合和有利于人民的意志、利益和需求，都必须对人民承担责任。所以，政府所承担的社会责任实质上是“公仆的责任”，这是建立中国新型政府管理体制的指导思想。

以人民为中心的“以人为本”新型政府管理模式，是人民主权原则在公共管理中的核心体现。人民对政府的认同、支持和拥护是政府合法性的来源和基础，也是我们各项事业取得成功的保证。从根本上讲，人民满意不满意、高兴不高兴、答应不答应，是判断公共管理是否成功、是否有效的标准。以人民为中心的政府公共管理，意味着政府公共管理要从以机关为中心转变到以人民为中心。政府公共部门和管理者要以保障人民的基本权利、促进公民权利的实现为要务，倾听人民的呼声，为人民参与、诉愿和救济提供必要的途径。政府公共管理者要经常思考这样的问题：谁是我们的服务对象？人民对政府机关所提供的信息和服务有什么要求？如何做才能满足人民合法的期待和要求？我们是否为人民提供了方便、快捷、满意的服务？政府的施政是否以人民的利益和公共的利益为出发点？人民对政府所提供的服务是否有选择权？我们是否为人民权利的保障提供了救济的途径？

二、"以人为本"新型政府管理模式的主要内容

"以人为本"并非是空洞的政治口号，在政府公共管理实践中，它应具有可操作的标准和程序。中国建立"以人为本"的新型政府管理模式的主要内容应当包括：

1. 政府公共管理主体的民主行政意识和行为。公共管理主体，是公共行政管理关系的一方，和公共行政管理相对人对称，是行使国家行政权力，管理社会公共事务的自然人或法人。具体说来，公共管理主体是对国家行政组织及其公务员的总称，核心是构成公共管理主体的人。公共管理主体的民主行政意识和行为有：(1) 为民服务的意识和行为。为民服务，乃是政府的天职。从本质上来说，行政主体的权力来自于相对人的委托，因此，行政主体与相对人之间是一种服务与被服务的关系而非统治与被统治的关系，是一种双向作用的合作关系而非单向的管理关系。无论社会如何变迁，国家的工作重点如何转移，为民服务这一宗旨是不能变的，所以行政主体应强化服务意识和实际服务行为的落实。(2) 适度管理与社会自治的公共管理思想。在市场经济条件下，政府对社会的管理，只能遵循社会发展的内在规律进行必要的引导和调控，只能去管那些必须管并且能够管好的事务，推行指导性行政。作为行政主体，必须树立起"适度管理"的意识，此其一。其二，随着社会"自我管理、自我服务、自我教育"能力的不断提高，政府应把本来由自己履行的部分职能和职权转移给社会，改变过去政府管理社会事务太多的现象，充分发挥各种社会组织在管理社会、协调社会中的作用。(3) 以民众为中心的公共管理原则。传统观念认为：政府是社会的一个权力中心，社会必然受制于这个中心；政府的主导性角色就是控制，政府的主要职能应是按高度集权的计划模式管理经济，管理社会，管理一切。在这种观念的指导下，行政主体的行为往往带上"我"的色彩，"官本位"就此盛行起来。行政民主化要求行政主体树立起

平等意识，以民众为中心，淡化权力色彩，变“政府本位”思想为“社会本位”思想。(4) 公共管理的法制观念和依法办事的行为准则。现代化公共行政管理的一个重要特征就是法制化的管理，依法行政是现代行政管理发展的大趋势。法制的核心是公民在法律面前一律平等，国家机关的活动必须遵守法律。行政管理法制化对于维护行政相对方的权益具有重要作用。国家管理实现了法制化，社会主义的民主就有了保障。行政主体具有了法制意识，就能较好地规范自己的行为，克服封建专制思想的残余，消除官僚作风，增强民主意识。

2. 公民公共管理的民主思想和行为。在新型的政府公共管理模式中，公民不仅仅是公共管理服务的享有者，他同时也应当是思想上和行动上的积极参与者。(1) 人民主人翁地位的思想和行为出发点。在长期的计划经济体制下，我国政府变成了无所不包、无所不管的万能政府。事实上，政府的能力是有限的，它无力对一切负责，也不应对一切负责。随着社会主义市场经济的发展和政府职能的转变，过去由政府履行的许多职能都转给了社会，政府在行政过程中更加注意听取民众的意见。与此同时，每一个社会公民也应该意识到，自己是国家的主人，必须自觉地承担起社会责任，以主人翁的姿态积极参与到国家和社会事务管理中来。(2) 人民的纳税人意识和纳税人的权利意识。在市场经济条件下，公众与政府最本质的联系是通过纳税和提供公共服务实现的，二者是辩证的统一体。通过人民的纳税，政府才能更好地为人民提供公共服务；通过政府对人民的良好服务，又增加了人民对政府的信任程度，强化了公民的纳税意识。对于政府来说，是否具有服务意识，是衡量其是否具有民主意识的重要标志。对于人民来说，是否具有公民的纳税人意识，反映出他们对政府管理的态度，对社会的态度。因而人民主动依法纳税，既是其民主意识的体现，也是其行政民主意识的体现。另外，政府获得税收的根本目的就是“取之于民，用之于民”，因此，政府获得税收的同时，也必须牢记为纳税人服务的意识，而作为纳税人的公民也应当意识到自己作为纳税人必须享有的权利，从而对社会财富的使用进行积极的监督和爱护，这样，才能更好地享受公民的权利。

三、“以人为本”新型政府管理模式对政府能力建设的要求

“以人为本”新型政府管理模式是为了满足中国在公共管理方面的特别需要而建立的一种中国特色的新型政府管理体制，它在中国政治、经济和社会转型时期将发挥独特的作用，对中国政府加强能力建设提出新的要求。

1. 以“以人为本”的思想来建立新型政府管理模式，使政府对社会的治理更容易贴近社会、得到社会的理解，承认其合法性。政府治理的过程，不仅仅是政府自主性的扩张和能力的展现过程，更重要的是，它是政府与社会，政府与公众之间的互动过程。也就是说，行政权力的运行不仅取决于自身的强制性、支配性和惩罚性，在某种意义上还取决于作为相对人即社会公众的同意。只有当公众认为他们服从政府是出于自觉而非害怕受到惩罚时，政府在公众眼里才是合法的。现代政治哲学正是将公众同意视为政府合法性的一个不可或缺的层面。社会发展不可逆转趋势就是人在整个社会系统中主导地位的提升。当人们惊呼“上帝死了”的时候，也就宣告了基于领袖魅力的合法性标准已经退位，以尊重人的能动性与个性为宗旨的民主参与已经“成为当今时代政治合法性的基本标准”。在这一时代背景下，公共行政只有建立在民主的基础上，坚持以人为本，执政为民，才能取得公众的同意，使政府权威获得承认。公共行政管理的民主取向意味着政府必须以人民的同意和支持为合法性依据，意味着政府的一切行为必须符合公民的利益和意愿，意味着公共行政过程的公开化以便接受人民的监督，意味着人民不断扩展着对公共行政的参与，还意味着公共行政不仅要充分地反映和实现各阶层公民的利益要

求，也要充分调动各级政府和部门以及广大行政人员的积极性和创造性。这些无疑构成了强化政府责任的强大的动力和压力，迫使政府强化为公民负责的"责任心"，并通过严密高效的内部权力——责任体系来履行好自己的责任。

2. "以人为本"的政府管理模式是人民群众制约政府权力，控制政府失灵的有效途径。首先，智慧是从人民群众中来的，决策的民主化有利于实现决策的科学化，以最大限度地拓展政府决策的理性；其次，民主行政可以监督政府的自利性倾向。由此可见，当政府的执政思想更多地转向社会公众，实行以人为本的管理体制时，这种民主行政既是政府对社会进行治理的方式，也是社会对政府进行控制的有效途径，它的实施对于处于国家与社会关系中的政府和民众来说，实则是一种"双赢"的战略。用新制度经济学的话语来说，民主行政因为有利于降低政府与社会之间的交易费用，而必将成为一种有效的制度安排。

3. "以人为本"的政府管理体制能够提高政府公共决策的规范性和科学性。在当代的民主制国家中，人民大众都通过各种形式表达自己的利益和要求，以各种形式对政策的制定施加影响。在西方一些国家有议会、院外游说团、竞选、党派、民间团体、社会舆论；在我国，有政党、政协、人大、选举、民主对话、社会舆论等等，这些形式都是民主制度下大众对政策施加影响的有效机制。这些机制的存在，使公共权威部门在制定政策时，不能不充分考虑人民的意愿、大众的呼声，不能不使即将出台的政策尽量避免失误。由于政策的制定过程就是众多领导成员以及工作人员集思广益的过程和发挥集体智慧的过程。这便在制度上防止了政策制定的主观随意性，增加了政策科学性的系数。

4. 新型政府管理体制能够使政府的公共政策保持连续性，降低因政策的频繁调整给社会和民众带来的社会不稳定和资源浪费。在这种制度下，公共权威部门的领导者因任期制的存在而不断更换，但民主决策制度、大众参与制度、科学决策制度以及其他民主政治制度则都稳定不变，并具有极大的影响力。因而，整个政治运行机制并不因领导人的更迭而改变运动方向。虽然因领导者的更迭使政策也不断有所变化和调整，但这种调整基本上同先前政策可以衔接，而不至于引起较大的社会动荡。

四、建立“以人为本”新型政府管理模式的途径

中国的政府管理改革是没有一种现有的成熟的模式可以使用，我们必须在国情的基础上，建立符合我国实际要求的一种崭新的体制。

1. 建立参与型的公共决策组织结构。公共决策是对社会公共利益的权威性分配。信息化以其无孔不入的渗透力增强着世界的有机联系，全球化的发展趋势使原本看来简单的事情正变得具有全局性、战略性，这一切时刻都向政治体系提出多种多样的要求，使当今的时代成为一个决策时代。因此，民众对公共决策的参与就成为民主行政的逻辑起点和核心内容。这里所说的参与主要是指民众不通过代议机关，直接参与公共行政活动。民众对公共行政的直接参与既是公共行政民主取向的突出表现，也是其重要保障，特别是对于以普遍性和后及性为特点的公共决策来说，没有人民的直接参与，政府往往缺乏对人民需求的了解以及对人民利益的整合，难以达成与广大人民的事前共识，在实施中必将遇到种种阻力。如政府一意孤行，则必须加大监督执行的力度。这样一方面有可能直接损害公民的合法权益，背离公共行政的民主取向，另一方面还会造成行政成本高而行政效率低的后果，即使该项行为本身正确，也达不到理想的效果。因此，政府应当为民众直接参与公共行政活动提供充分而有效的渠道，并不仅在实体法上而且也在程序法上保证人民参与公共行政的权利，使民众在政府制定和实施与人民切身利益密切相关的公共政策时，能够比较充分地表达自己的意愿。

民众对公共决策的参与主要有以下的方式：（1）公共决策中的人民提案和建议，这主要是民众（包括社会团体）通过制度化

的渠道将自身关注的利益问题转化为政策问题，纳入公共决策过程之中。公共管理面对的是纷繁复杂的社会事务，在这种条件下，公共管理机构对何事进行决策以及在何时进行决策已成为决策的关键所在，因此，将所关注的利益问题纳入决策过程这本身就是参与者的成功。（2）公共决策中的协商、咨询和听证，也就是对于已经纳入公共管理过程的决策问题，公共管理机构在决策过程中主动或被动地通过与民众的“对话”吸纳人民的政策观点和意见，这充分体现了以博弈形式表现的民主决策机制。（3）权力下放。即将原来集中于中央政府的权力下放到地方和基层的行政组织单位。这些权力包括提供何种服务的行动方案、行动程序以及相配套的人事、预算管理。权力下放使得公共管理能够面对人民需求，迅速调整行动方案，实现既定目标，解决社会存在的问题，并在与民众的互动过程中，建立相互信任、合作的社会关系。此外，由于地方和基层行政组织一般是由民主选举产生的，他们与其选民有更直接、更公开的接触和联系。地方政府拥有更多的权力，就会使选民感到他们所选举的政府是真正代表了他们的利益，其公共管理活动也就带有更鲜明的民主色彩。正因为有上述优越性，世界各国公共管理改革的一个共同内容就是权力下放。众所周知，中国 1978 年以来改革开放的一条主线就是中央政府向地方政府的权力下放。（4）赋予底层员工更大的决策参与权。即全体管理人员包括底层人员都有对行政组织和个人目标的确立，对行政工作计划和程序的设计，以及对工作成果评价发表意见的权力和义务。其实施途径主要有：a. 团体决策。即行政方针的决定，重要问题的解决，都由组织成员本着民主参与的原则，以团体决策的途径来制定或者抉择。这样可以博采众长，以保证决策方向的正确性。b. 咨询制度。即行政领导在对一项政策或事务做出决定之前，主动征询下属或有关方面人士的意见和反应，从而使各项工作更加完善。c. 建议制度。即行政领导允许并鼓励工作人员对机关公务推行和问题解决中应该发展或改革的事情，自由提供意见，以便作决定时参考。通过建议制度可以广开言路，以不断改进各方面的工作。

2. 实施程序化的管理机制。管理的民主就是使管理建立在被管理者同意的基础上。政府管理领域是政府部门与公众直接发生交互作用的领域，因此，这个领域的民主最能体现民主行政的特点。民主的可贵表现在程序的正义，美国著名的大法官福兰克弗特认为："自由的历史基本上是奉行程序保障的历史。"程序的民主价值就在于它为公众参与公共行政提供了法定的渠道，使公民在公共管理中从单纯的管理对象，变为可以通过行政程序制约管理者的参与性力量，从而实现对公共管理过程的参与（如行政立法程序中的听证制度保证了公民直接参与行政立法；行政制裁的做出须事先听取相对人意见）。政府公共管理过程的程序化是现代民主精神的制度化。因此，行政程序与其说是法律对行政的制约，毋宁说它是公众参与行使和制约行政权力的制度保障。在政府主导条件下，立法与司法对行政的监督已经大打折扣，行政系统内部的自我监督更是给人以"官官相护"的感觉，因此，通过管理程序化使公众参与行政权力的运作，以"社会监督国家"的形式保证监督的有效性，这是行政程序的内在作用机制。现代政府公共管理程序主要包括：听证制度（这是管理程序的核心制度，它有利于扩大公共管理中公民一方作为相对人的参与权）；申辩和质证制度；说明理由制度；资讯公开制度；通知制度等。

3. 在公共服务领域建立选择机制。公共服务是政府公共部门为直接满足公共利益需要而从事的活动，它是公共管理最直接体现其价值取向的领域。"民主的核心是选择"，选择本身就是一种自主性实现的过程，在市场经济中，消费者之所以被奉为上帝，关键就在于其能够通过对商品的选择确立其消费者主权的地位。就像消费者对产品的选择决定企业的命运一样，在公共服务领域确立公众选择机制的意义也就在于：公众作为公共服务的承受者，通过对服务方式和内容的选择达到对服务机构的控制，实现公众主权，进而也就实现了民主行政。公众选择机制实际上是对公共服务部门垄断性所导致的官僚主义、效率低下及其对公众利益侵犯的一种校正。

4. 建立对公共权力的有效监督机制。（1）建立和健全立法机关、司法机关对政府的权力制约机制，同时对中央政府与地方政府之间的权力进行合理配置。这里，问题的关键是通过一套复杂的机制，既能防止政府的权力膨胀到难以控制而有害公民和社会的地步，又能避免损害政府特别是中央政府的权威而以牺牲公共行政效率为代价。（2）实现行政权力同经济权力的二元化分离。政府权力背离民主取向的经济基础本质在于行政权力与经济权力的融合。要保证公共行政的民主性，核心要解决政府与企业、政府与市场、市场与企业的关系，明确产权，真正确立企业和其他经济组织作为独立市场主体的地位，使经济组织摆脱行政附属物的地位。行政权力不再直接干预经济组织的权力，使企业在市场上行使自己的权力。这对中国这样一个从计划经济向市场经济转型的发展中国家具有特殊重要的意义。（3）健全公民、社会对政府的民主监督机制。这里问题的关键是政府公共行政活动的公开性，即确保政府的透明度。包括公开机关工作计划、工作总结、人员管理和经费开支等情况。瑞典是最早实现公共部门透明化的西方国家，他们用美丽的词汇来形容这一现象：公务员应像玻璃鱼缸里的鱼。意思是要人们能够很清楚地看到公务员是怎样工作的。在中国近年来一些地方政府也开始实施“公示制”。所谓公示制，是政府行政机关通过向社会公开明示自己的职责范围、行政内容、行政标准、行政程序、行政时限和公示惩戒办法的方式，增强政府公共行政过程的透明度，自觉接受社会监督，提高政府为社会提供优质高效服务的自觉性和主动性。

5. 实行政务公开制度。公开是政府的本质要求和职责，是人民的权利，是行政民主化的一种不可缺少的手段和方式。政务公开有利于公众了解政府运行的程序和信息，参与公共管理，同时，也有助于把政府置于公众的监督之下，保证政府的透明和廉洁。我国的政务公开制度一般应包括以下内容：（1）政务公开的内容是指具有普遍意义的一般性内容，非指某一特殊事项，主要有：a. 重大决策公开。凡政府制定的事关发展大局和群众利益的重大决策均应公开，让群众知道政府正在干什么，怎么干，与自己有何利害关系等，以保证决策的民主化和科学化，取得群众的积极配合，推进决策的顺利进行。b. 群众反映强烈的热点问题公开。对涉及人财物资源的使用问题，社会影响面大的问题，力求最大限度地增加透明度，使群众满意。c. 容易引发矛盾纠纷的难点问题公开。一些容易引起社会矛盾，容易产生事故责任，解决起来很棘手的问题，实行全方位公开，让群众来参与认定，多方共同认可。d. 选拔任用干部公开。除人大依法任命的干部外，凡政府机关干部的选拔任用均应做到公开选拔、竞聘上岗。e. 行政信息公开。行政管理过程中形成的有关文件、档案和资料等，除国家规定需保密的以外，都应公开。（2）政务公开的形式主要有：a. 行政听证制度。所谓行政听证制度，是指政府机关在立法或做出行政决定的过程中征求有关利害关系人意见的一种制度。行政听证是管理民主化的一个重要标志。行政听证直接体现了人民的主权，行政听证拓展了民主的广度，推进了民主的深度，提高了人民群众当家作主的地位。行政听证制度开通了公众参与的渠道。民众的参与程度是衡量民主程度的标尺，行政听证制度从根本上保证了公民的参与。行政听证体现了权利的平等，在行政听证制度下行政相对人不再是行政权支配的客体，具有了行政程序中的主体性，同时，使行政机关职权的行使更趋民主，从而体现了权利的平等。b. 行政咨询制度。行政咨询制度是行政民主化的重要内容之一，该制度主要产生于行政决策过程并运用于其中。现代行政决策面对的是庞大的社会系统、浩瀚的行政信息、无穷的动态因素，因而必须有众多的专家参与，并经优化组合而形成高度有序的专家团体，为行政决策提供最优化的选择方案，并形成制度。现代行政决策的科学化与民主化，必须建立在行政咨询制度之上。由于现代行政决策所涉及的社会因素的错综复杂，社会环境的瞬息万变，单靠哪一个人、哪一个方面的力量都不可能取得良好的结果，甚至会导致决策失败。因而，行政决策必须整合各方面的力量，包括作为决策核心的行政负责人，发挥思想库（智囊）作用的专家顾问，参与一般工作的行政公务人员，还有广大人民群众。

下篇

实践篇

第五章　中国政府法治管理能力建设

第一节　依法治国与政府法治管理能力

一、依法治国是建设政治文明的基本方略

我国的政府管理体制改革是在原有传统行政管理体制基础上进行的一种创新性改革，这种改革不是一次单方面的行动，而是一项系统的复杂工程。特别需要注意的是，我国是一个法制并不完备的国家，任何形式上看似完美的改革措施，一旦进入实施过程中，就会遇到原有体制的阻碍，使其无法顺利实行，改革必须得到政治上和法律上的保证，才能不断得到推行和完善。因此，我国的政府管理创新必须建立在法制的基础上。

1. 政治文明的核心是政治的法治化。

民主与法治共同构成现代政治文明的基本内容和基本标志。不仅如此，民主政治与依法治国又是互相依存的两个方面：法治水平的不断提高，以民主的不断发展为基础和条件；而民主的不断发展又必须以法治水平的不断提高作为保障。因此，不断推进依法治国的进程，不断提高依法治国的水平，不仅是建设社会主义法治国家的任务和形式，也是建设社会主义政治文明的任务和途径。建设社会主义政治文明，一个重要任务就是要使“社会主义法制更加完备，依法治国基本方略得到全面落实，人民的政治、经济和文化权益得到切实尊重和保障”。

政治文明这一提法，马克思早在 1844 年就使用了。在《关于现代国家的著作的计划草稿》一文中，马克思不仅广泛深入地探讨了国家、政党、政治制度、宪法、人民主权、民主、自由、

平等以及立法权、国家管理和公共管理、选举权等问题，而且直接使用了“集权制和政治文明”的表述，提出了政治文明的范畴。在马克思、恩格斯的诸多经典著作如《共产主义原理》《共产党宣言》《法兰西内战》《哥达纲领批判》《社会主义从空想到科学的发展》《家庭、私有制和国家的起源》中，都蕴涵着极为丰富的政治文明思想。

政治文明，是指人类在改造政治的实践活动中所形成的积极成果，是人类社会政治生活的进步状态。具体说，一方面，政治文明是人类在政治实践中取得的积极成果。它包括在政治观念、政治制度、政治行为过程等方面所获得的积极成果。另一方面，政治文明是人类政治生活的进步状态。政治文明是与一定社会形态的生产关系相适应的一定社会的政治文明的性质和发展水平的具体体现。从人类社会政治文明发展的历史看，由于生产力水平不同，人类认识社会、改造社会、实现自身进化的程度不同。但是，无论哪一种文明形态的产生和发展，都与社会政治清明、政治稳定、和谐有序是分不开的。

政治文明体现为政治的理性化、有序化和和谐化。法治是政治文明的核心内容、基本标志和根本保障。法治反映了人类管理自身的深刻进步。美国法学家庞德从文明发展的角度阐释了法律超越其他社会规范的历史过程。他认为，社会控制的主要手段是道德、宗教和法律。在法律发展的早期阶段，这些东西是没有什么区别的，都同等发挥作用。

2. 依法治国是建设社会主义政治文明的战略选择。

胡锦涛总书记曾指出：“在整个改革开放和社会主义现代化的进程中，我们都必须坚持依法治国的基本方略。”这深刻地表明，实行依法治国基本方略，绝不是一时的权宜之计，而是建设社会主义政治文明的基本要求和战略选择。历史的经验教训和社会主义政治文明建设的实践充分证明，要巩固和发展民主团结、生动活泼、安定和谐的政治局面，没有完备的法制，不实行依法治国是不可能的。

依法治国，“就是广大人民群众在党的领导下，依照宪法和法律规定，通过各种形式和途径管理国家事务，管理经济文化事业，管理社会事务，保证国家各项工作都依法进行，逐步实现社会主义民主的制度化、法律化。”这一定义表明，我们所实施的依法治国基本方针与建设社会主义政治文明的本质及价值理念是完全一致的。

首先，依法治国的主体是“民”而不是“官”。这是社会主义依法治国的本质特征，也是社会主义政治文明的必然要求。依法治国是人民群众依法治理国家，而不是别的什么人或者机构依法治民。法，是人民治理国家的工具，而绝不是什么“防民之具”。否则，法治就会成为地地道道的人治。至于政府官员，他们与人民的关系是从属关系，只不过是人民的公仆，固然受人民的授权管理国家事务、管理经济文化事业和社会事务，但这只是具体权力的授权，因而不具有治国主体地位。

其次，依法治国的客体，是“国”而不是其他。这里的“国”，首要的是指国家机器、国家权力，即依法治权、治官。历史表明，权力总是具有腐蚀性、诱惑性。孟德斯鸠指出：“一切有权力的人都容易滥用权力，这是万古不易的一条经验。有权力的人们使用权力一直到遇有界限的地方才休止。”依法治国的实质，就是用法律治理或控制国家权力，使权力运行规范化、理性化、程序化，防止权力滥用导致对公民基本人权和自由的侵犯，借以实现社会的稳定和国家的长治久安。

再次，依法治国的依据，是国家的宪法和法律。依据宪法和法律而不是领导人的意志治理国家，这是依法治国本身的需要，也是建设社会主义政治文明的根本要求。在我国，宪法和法律集中代表了人民的根本利益，体现了人民民主和社会主义原则。尊重宪法和法律，唯宪法和法律的规定治国，实际上就是维护人民的利益，实现人民的意志。有法不依、执法不严、违法不究以及以言代法、以权压法、以权枉法等行为都是同依法治国背道而驰的，是政治不文明的体现。

二、通过增强政府法治管理能力推动依法治国进程

政府是一国法律制定、执行、监督的主体，中国依法治国的实现依赖于政府法治能力的高低。依法治国实现的标志是良好的社会法治环境。与自然环境不同，法治环境是社会环境的一个特定形态，它不是自然状态的存在，而是与国家形态、社会状态、人的活动联系在一起。法治环境构成的最基本要素有二：一方面是由国家制定和认可一系列法律制度并组成基本法制框架，给社会秩序以规范引导，对社会成员行为的规约，没有法律、法律体系就无所谓法制环境，良好的法律制度是良好法治环境的必要前提。另一方面是社会组织和人的活动。“徒法无以自行”，法不能是束之高阁的，也不可以作炫耀的摆设，法律制定出来了，法律规范应当得到遵行，法的威权应当得到尊重，法的精神应当得以彰显，法治价值应当得到实现，但所有这些都需要通过社会组织和社会成员的具体行为去表达，其中政府机构和公务员在履行公务时的依法执行的能力对法的实效产生最重要的影响。因此，由创制法律框架和执行法律构成的政府法治能力对实现依法治国、营造和谐社会的良好法治环境至关重要。

1. 政府法治管理所营造的法治环境是社会良好法治环境的基本支撑。在现代国家中，政府在国家组织中的角色定位决定了依法治国关键是依法行政。政府的行政权与立法权、司法权共同构成国家权力的整体，掌控行政权的政府通常是国家组织中最庞大的机构，正是通过这个庞大机构的行政职权运作机制，体现在法律中的国家意志以及国家经济调节、社会管理、市场监管、公共服务、国家安全与社会治安等职能才得以全面实现。在现代法治国家中，政府在国家组织中的角色定位决定了它必须依法行政。尽管中国的政治体制和政治运行机制有自己的特色，且中国社会依然处在社会转型过程之中，但社会主义法制建设已经进入快车道，依法治国的基本方略已经载入宪法，政府的各级、各部

门的依法行政不仅是对实现国家立法宗旨、立法原则负有的义务，也是自身更新行政理念，转变政府职能的需要。更何况政府作为社会公众观念与行为的指导者，其言行对于全社会来说有着重要的指导意义和符号意义，政府行为过程也是政府贯彻、落实国家法律、法规的过程。因此，政府依法行政能力所营造的法治环境是社会良好法治环境的基本支撑。

2. 只有政府具备了法治管理能力，才能创造出全球化背景下我国社会主义市场经济所需要的良好法治环境。建立社会主义市场经济体制，面向国际市场发展社会主义市场经济是改革开放的中国做出的理性正确选择。然而，当今我国经济处于新的快速增长期中，这也决定了政府必须全面依法行政、行政法治，大到行政管理体制、管理方式的变革，小到具体行政行为的实施，都要让政府行为在法律法规的规约之中。只有这样才能更好地发挥公共职能，建立更加廉洁和开放透明的、更有效率和服务能力的、更负责任的政府，为市场经济的健康运行担当起政府应负的重要责任。

3. 政府具有对各种社会利益的调整能力，行政机关无论是制定行政规章的抽象行政行为，还是做出许可、处罚等具体行政行为，都会对公民、法人及其他组织产生直接或间接的影响。依法行政、行政法治是行政机关合法、合理兼顾国家利益、行政组织利益和公民和社会组织各方利益的保障。尤其是处在社会转型期的中国政府，要在各种矛盾交织的情况下，通过依法行政以合理的利益调整促进社会和谐，避免公众不安全感、不稳定感、不确定感泛化；通过依法行政遏制官员或部门以权谋私给社会公共利益造成的严重侵害，减少时有发生的有法不依、执法不严、违法不究损害当事人利益的现象。

4. 随着社会主义政治文明建设进程的加快，人民群众对政府的法治管理能力要求越来越高，各类行政诉讼案例的增多，行政违法、行政不合理行为比率偏高的状况对政府形象造成负面影响，对营造依法治国良好法治环境的影响也是负面的。政府必须有能力依法行政、减少违法行政，保障行政监督机制的有效运行，从源头上减少因违法行政行为侵权而造成的行政纠纷案，对确实因行政行为导致合法利益被侵害的能够依法及时通过行政救济途径纠错并赔偿。

三、政府法治管理能力不足恶化中国依法治国的社会环境

我国的封建社会历史长期是在人治和皇权为核心及特点的治理模式中运行。新中国建立后我国的法制环境并不健全，形成一套半封建化的政府管理模式——大政府小社会，无论是政府的机构设置或具体行政行为和抽象行政行为，其外延和内涵都有很大伸缩性和随意性及不规范性，缺乏有效的制约机制。

党的十一届三中全会以来，我国在立法、执法、执法监督和法制机构建设的理论研究和实践等方面做了大量工作，取得了卓著成效。但是，政府管理中法治能力仍满足不了社会发展的需要，良好的法治环境的形成仍面临诸多障碍和困难，这是实现政府依法治国的一项重要而艰巨的任务。

1. 人民作为依法治国的主体没有完全到位。从我国的政体来说，“中华人民共和国的一切权力属于人民”，“人民依照法律规定，通过各种途径和形式，管理国家事务，管理经济和文化事业，管理社会事务”。因此，人民是法治的最高主体。发挥人民依法治国的主体作用，就是要由人民当家作主，国家大事大家来议，大家来管。社会主义法治国家的根本标志是由人民通过直接或间接方式制定和运用法律治理国家，人民是依法治国的主体。当前，影响人民在依法治国中发挥主体作用的原因，固然有由于人民的政治、文化素质还不能适应法治国家的要求的因素，也有由于党的某些领导干部不能正确理解和实施党的领导的因素。某些领导干部把这种领导和组织看作是代替人民当家做主，而不是支持人民当家做主，在制定法律、法规时缺少应有的透明度和必要的民主程序。这说明邓小平曾经严厉批评过的把党的领导误解

为“党权高于一切”、“以党治国”的错误作风还没有彻底根除。

2. 党政机关法治观念不强。我国走向社会主义法治化的道路，是以党和政府推进法治建设为主导的。因此，党政机关，尤其是这些机关领导层法治观念的强弱，对我国社会主义法治化的进程有着举足轻重的作用。由于我国是一个具有几千年“人治”传统的国家，留给我们“人治”的东西多，“法治”的东西少；“专制”的东西多，“民主”的东西少。在这样的土壤上成长的干部，加上领导制度和组织制度方面存在的问题，使有些党政官员习惯于按政策办事，不重视依据法律行事，只知道对上级负责，不知道对法律负责；宁可违法，也不可违背领导旨意。“有法不依”、“执法不严”的现象不同程度地存在于各级党政机关之中，它延宕了走向社会主义法治化的进程。

3. 部分执法人员的特权思想根深蒂固。特权是封建制度的产物，存在于党政官员中的特权思想是政治腐蚀剂，它不仅使有些执法人员利用手中权力谋取私利，甚至贪赃枉法走上犯罪道路，而且为实现法治化设置了重重障碍。因为推进社会主义法治化的过程也是不断地克服形形色色特权思想和特权行为的过程，这必然引起那些既得利益者的反感和阻挠。既得利益者在一个地区内往往盘根错节，上下呼应，对他们的势力和影响不能掉以轻心。

4. 我国的法律体系不够完备。世界各国法律发展的道路大体经历了刑法、民法和宪政三个阶段。刑法阶段，法律主要为了维护统治秩序。民法阶段，法律主要为了规范公民之间关系和经济运行秩序。宪政阶段主要通过宪法与法律约束和规范政府行为，充分保障公民权利。我国由于受到极左思潮影响，曾长期漫步于刑法阶段，把法律功能局限于阶级斗争工具。党的十一届三中全会批判了极左思潮，我国的法治建设转入了民法阶段，法的社会功能得到扩展。但距宪政阶段还有相当距离。

5. 公民的法治意识淡薄。我国法治化的动力来自党与政府的推进和人民群众的主动精神，两者应该同时并举，如果只依靠党和政府的推动，忽略亿万民众在法治化过程中的积极作用，这样建立的法制必然缺乏民主内容和坚实的社会基础。但是，由于传统习惯势力束缚，我国公民对法治存在不少模糊认识，如把法律看作单纯的阶级斗争工具而不是社会利益调整的重要手段，把利益获得和利益保障只寄托于党的政策而不是依靠法律，当自己权益受到损害时只求助于“清官”而不是诉诸“法官”等等。毋庸置疑，这些模糊认识都不利于调动人民群众对法治化的主动性。当前中国面临一场极为深刻的社会变革，需要公民树立正确的法律价值观，为走向社会主义法治国家营造一个良好的社会环境。

第二节　法治管理能力建设中的依法行政

一、提高中国政府法治管理能力的根本途径是政府依法行政

我国《宪法》规定“中央人民政府，是最高国家权力机关的执行机关，是最高国家行政机关”。《中华人民共和国地方各级人民代表大会和地方各级人民政府组织法》规定：“地方各级人民政府是地方各级人民代表大会的执行机关，是地方各级国家行政机关”。同时，又规定了各个政党都必须在“宪法和法律的范围内活动”。从这个意义上说，政府及其官员既是依法行政和司法的主体，又是法治的对象和客体。因此，提高政府法治能力的过程的就是通过依法行政实现建设法治国家的目标过程。

依法行政，是指国家各级行政机关及其工作人员依据宪法和法律赋予的职责权限，在法律规定的职权范围内，对国家的政治、经济、文化、教育、科技等各项社会事务，依法进行有效管理活动。它要求一切国家行政机关和工作人员都必须严格按照法律的规定，在法定职权范围内，充分行使管理国家和社会事务的行政职能，做到既不失职，又不越权，更不能非法侵犯公民的合

法权益。

依法行政和依法治国的关系是密不可分的。人民依照宪法和法律的规定行使管理国家各项事务的权利，而宪法和法律规定的人民管理国家的途径是多种多样的。其中最重要的是人民通过自己的代表制定法律，把自己的意志、利益和要求写进法律，然后让受人民委托具体行使国家管理职能的行政机关，依照法律规定去管理。可以说，行政机关在社会生活中的重要地位，决定了依法行政是依法治国的一个重要标志。依法行政是现代法治国家里政府行使行政权力所普遍遵循的基本准则，也是实现依法治国的根本保证。

行政机关是国家机关中对经济和社会发展影响最大，与公民关系最密切，因而也是权力最大，为数最众的一个部门。国家法律的绝大多数都必须通过行政机关执行。在我国，大约有80％的法律、法规需要通过行政机关去具体贯彻实施。每个公民几乎天天要同行政机关打交道，其利益和机关息息相关。一方面，由于行政机关是主要的执法机构，法律赋予公民、法人的权利能否得到实现，为维护公共利益、国家利益颁布的禁止性规定能否得到遵守，很大程度上取决于行政机关的执法行为。对公民合法权益的侵害行为的制止有赖于行政机关采取措施。行政机关勤政廉政，严格执法，自然会成为社会的表率，甚至成为人民群众衡量政府形象如何的标准。所以，法治的实现也就顺理成章。如果行政机关执法不严，甚至徇私舞弊，贪污腐败，以权谋私，欺压百姓，无视法律，法的秩序也就荡然无存，政府的形象就会损坏。另一方面，行政机关握有强大的行政权力，尤其是在我们这个具有“官本位”思想传统的社会，崇尚权力将很难受到限制，而不受限制的权力必然导致腐败，尤其应该看到行政机关在发挥其行政职能时与公民、法人之间常常要形成管理者与被管理者之间的关系，此种关系是一种命令与服从的关系。国家的兴盛，经济的繁荣，人民的幸福，在相当程度上依赖行政机关。只有依法行政，才能保证社会主义各项事业沿着依法治国的道路走下去，也才能迎接真正的法治时代的到来，才意味着政府法治能力的增强。

1. 从权力制约的角度来说，提高政府法治能力需要通过依法行政制约政府的行政权力。行政权力是国家行政机关管理内政、外交的权力，即各级行政机关依照国家法律和国家权力机关的授权行使对国家的政治、经济、文化、教育、科技等各项行政事务的管理权力。它的管理对象是社会的公民、法人和其他组织。一个国家的整个管理活动都是由各级行政机关进行的，行政机关能否合法有效地行使好行政权力，管理好国家各项行政事务，直接关系到国家的前途和命运。因此，任何一个国家都非常重视行政权力的建设和制约。

我国是社会主义国家，不能照搬西方三权鼎立的模式，但对权力进行制约还是非常必要的。依法制约国家机关的权力，依法保护公民的合法权益，既是现代法治的宗旨，也是依法治国的价值取向。不能有效地制约国家机关的权力，也就不能依法保护公民的合法权益，当然也就谈不上依法治国了。要依法制约国家机关的权力，关键在于制约行政机关的权力，实现依法行政。宪法赋予国家行政机关及其广泛的权力范围，政府可以依据宪法和法律，规定行政措施，制定行政法规，发布具有法律效力的决定和命令，编制和执行国民经济和社会发展计划和国家预算，领导和管理内政、外交、国防、经济、文化、社会等领域的事务。政府的权力范围几乎延伸到社会的各个角落。这种无所不在的公共权力，无疑最需要依法制约，也最需要公众监督。另外，从行政权力的性质来看，也是最难于制约的。因为行政权力不像立法权的行使那样，几乎是在公开的程序和公众的参与中完成的，也不像司法权那样是被动地、在法律条文严格限制下行使的。行政权的行使更积极、更主动，它可以为被管理者设定义务，可以独立实施行政处罚，在管理中又具有较大的“专横”的自由裁量权，被滥用的可能性最大。因此，对行政权力进行制约，是政府法治能力增强的体现，是依法治国的要害。改革开放以来腐败现象有增无减，原因是多方面的，没能有效地依法制约行政权力，是最根本的原因。由此可见，提高政府法治能力，重在依法治权，而依法治权的重点和难点在于依法制约行政权力，实现依法行政。

2. 从行政权力主体与权力客体关系来看，依法行政意味着政府有能力实现权力客体的利益。由于行政权力是国家政权的重要组成部分，是管理国家各项行政事务的公共权力。因此，行政权力的行使具有自己的特征。一是行政权力是由法律设定和权力机关的授权。为了保证国家各方面的有效管理和社会的协调发展与稳定，促进国民经济的迅速发展，国家不得不授予行政机关很大的权力，如行政立法权、管理权、处罚权和强制权等，而这些权力不受法律的约束，就有可能走向专横、滥用，甚至腐败。同时，我国的行政机关是国家权力机关的执行机关，也是法律的执行机关，因此，必须执行国家法律的规定和权力机关的意志，行政权的运用必须对权力机关负责，对人民负责。因此，行政权力的行使必须在国家法律规定范围内行使，不能越权。二是行政权力属于国家公共权力，具有强制性和单方面性。行政机关在行使行政权力时，只能依照国家法律、法规的规定，依法做出各种行政行为，这些行政行为都是行政机关单方面的意志表现，不需要与管理相对人协商。行政决定一旦做出，行政管理相对人就具有服从的义务，其他国家机关就具有协助的职责，而且是以国家强制力作保证的。如果行政管理相对人不履行法定义务或行政决定，行政机关有权采取强制措施或强制执行，强迫其履行。三是现代行政权力急剧膨胀，无处不有，无处不在。由于现代科学技术的发展和政府管理任务的繁重，现代行政权力急剧膨胀，不仅介入各个领域、各条战线，而且已经越来越多地介入国家刑事、民事问题。如有的国家出现了“行政刑罚”现象。在我国，像轻微违法犯罪行为，不构成刑事处罚的，由政府部门的劳动教养委员会批准劳动教养。行政司法、行政调解、行政仲裁、行政合同等都在急剧增加。可以说行政权力无处不有，无处不在。如果不对行政权力的行使加以规范和制约，那么，行政权力必然要走向专横、独裁、滥用和腐败，甚至影响到国家的前途和命运。四是行政机关在行使行政权力时，享有很大的自由裁量权。国家为了保证行政管理的效率性，赋予行政机关在行使行政权力时，享有很大的和较宽幅度的自由裁量权。自由裁量权属于行政权的一部分，是提高行政效率的重要措施，但行政机关及其工作人员在行使自由裁量权时，存在着某种扩张性和随意性。这就要求行政机关在行使行政权力时，不仅要依照国家法律、法规的规定，依法行政，而且还要根据依法行政原则拓展到自由裁量领域，即依据法律精神和立法目的行政。行政机关做出行政行为的内容要客观、适度，要符合立法目的，做出的处理决定要合情合理，不能畸轻畸重。由上述行政权力的这些特点所决定，各级行政机关在行使国家行政权力时，只能依法行使，不能违法和越权。否则，就会侵犯行政管理相对人的合法权益，甚至造成损害，意味着政府依法治理社会、管理国家的能力下降。

3. 在社会主义市场经济体制下，坚持依法行政，使政府有能力保障市场经济的健康运行。从各国经济体制演变的历史经验来看，一个国家能否真正实现从传统市场经济或计划经济向现代市场经济的转变，关键在于能否真正建立起适应市场经济需要的法治基础。如上文所述，市场经济是竞争经济，竞争离不开规则，离不开法治，没有好的法治环境，市场主体的独立性、市场竞争的有效性、政府行为的规范性和市场秩序的有序性，都将缺乏根本的保证，因此，从根本上讲现代市场经济是法治经济。市场经济多种多样，只有建立在法治基础上的现代市场经济，才是实现资源有效配置和富民强国的有效途径，这是近现代经济发展历史中的一条重要经验。市场经济内在地需要规则和秩序，使这些规则和相应的经济规律获得法律的训斥，通过法律的语言表达出来，正是法治经济的基本要求。反过来讲，法治经济的基本要求就是要为市场经济的运行制定完备的法律制度，并保证在实际中得到严格的执行和遵守。没有完备的市场经济法律体系，市场经济就无所遵循，必然会出现混乱的无序状态。而有了市场经济法律制度之后，还必须确保其执行和遵守，这是健全市场经济法治的重要环节。有法不依，执法不严，违法不究，同样要导致市场经济的混乱。由此可见，建立和完善市场经济法治基础，需要政府通过依法行政使市场经济关系、经济运行和经济管理规范化、制度化，保障和促进市场经济的健康发展。

4. 从民主政治建设的目标来看，依法行政是建设社会主义法治国家的关键，是政府法治能力的终极目标。建设社会主义法治国家是我国民主政治建设的目标，只有在整个社会范围内形成一个知法、懂法、守法的社会氛围，领导干部依法办事，公民依法尽义务保护自己的合法权益，使法律法规能够在国家和社会生活各个领域得到普遍切实的遵守，才能实现依法治国。而要做到这一切，关键还在于依法行政。政府的管理范围，涉及到政治、经济、文化、社会等各个领域，通过领导干部对整个社会生活的规范的、文明的依法管理，不仅能使法律法规在全社会得到全面落实和普遍遵守，有助于树起法律的权威，同时也能在全社会起到很好的尊重法律、执行法律和遵守法律的示范作用，有助于公民法律意识的普遍提高。只有首先实现行政法治化，各级政府和领导干部严格依照表现为法律形式的人民的意志来治理国家，才能促进法律在国家和社会生活的各个方面得到普遍的切实遵守，真正实现依法治国，建设社会主义法治国家的宏伟目标。

二、中国政府依法行政建设的阻碍

我们现行的公共管理是一种国家管理，各级行政机关其工作人员所实施的管理行为，均不代表个人意志，而是代表国家意志，我们是社会主义国家，法律也是人民的意志的体现，因此公共事务依法管理，不仅是民主化的需要也是民主化的保障。改革开放以来，为适应社会和经济发展的需要，党和国家十分重视立法工作，有关的国家机关已先后制定了相关数量的法律、法规和规章。公共管理的各个方面，基本上已有法可依，但执法情况却并不令人满意，有法不依，执法不严，违法不究，以言代法，以权曲法的现象在某些部门和地区还相当严重。因此在继续加强立法建设的同时，大力加强执法工作，按照法律进行依法行政，切实保证各项公共事务的管理都能依法进行，营造出依法治国的无比权威，是深化我国政府管理改革的基础。

从世界范围来看，政府行为的法治化是全球化的必然要求。经济全球化不可避免地对各主权国家的国内法，特别是与经济和管理有关的法律产生巨大影响。经济全球化意味着全球市场经济的逐渐确立，预示着世界各个国家和民族生产方式的某种趋同，意味着某种形式的“全球市民社会”共同价值准则的重构。全球性经济重构进程需要有一个全球的法律框架与之相平衡，需要一个体现全球市场经济交往规则系统，也需要一个权利与义务之间对等平衡的全球秩序系统。要使国际经济竞争平等、有序、公正，每一个参与全球经济竞争的成员必须遵循全球市场“交通规则”。因此，中国在融入全球化进程中，政府管理行为不仅要符合国内法，而且必须符合国际法。

30多年来，中国在政府管理法治化方面取得了史无前例的进步，行政管理法律体系已初步形成，政府在依法行政方面取得很大进展，但由于中国是一个长期缺乏民主、法治传统的东方大国，政府管理仍带有较浓厚的“人治”色彩，至今按领导意志行事，“人大于法，权大于法”的现象仍然存在，法制意识淡漠，甚至视法律为儿戏，随意行政的习惯没有根本改变，这种轻视法治的行政行为，极大地阻碍了行政效率的提高，破坏了政府形象，扰乱了市场秩序，最后必然严重损害人民利益。在经济全球化时代，遵守国际法自然成为其必须承担的一种法律责任，如果在行政管理中仍按“人治”传统行事，会被碰得头破血流。不光要受到国际舆论和道义的严厉谴责，还会受到国际经济法律制裁。如果一个国家没有良好法治环境，投资者肯定会退避三舍。

可见，在经济全球化时代，中国政府是否依法行政、依法管理，不仅仅涉及到本国公民和企业的根本利益，而且也涉及到其他国家企业和公民的切身利益。中国政府管理的法治化不仅是中国公民和企业的强烈要求，而且也必将成为世界其他国家企业和公民的迫切愿望。

尽管国内外的客观环境决定了公共行政管理实行法制化的趋向，但是在我国行政执法过程中，仍然大量存在着行政规范行为混乱，有法不依，执法不严，违法不究，滥用职权，缺乏有力的监督机制等严重问题。这些问题不解决，就无法进行政府管理体制的改革。这些问题主要表现在：行政规范行为（行政立法）不规范，部门利益、地方利益观念浓厚，对相对人利益缺乏保护措施，对行政主题缺乏控制措施，缺乏制定程序，特别是涉及行政处罚的规章混乱，无权和有权制定行政规章的主体乱设处罚。执法随意性大，执法依据缺位，执法主体不合格。执法无序，处罚不到位，行政管理不到位。执法不到位，处罚力度弱，抑制不了违法行为；社会公共秩序得不到维护，有些人无安全感。有些行政部门职责不清，分工不明，互相推诿，彼此争权夺利，违法现象蔓延，无人查究，越权执法，滥施处罚，或不作为，放弃职责，或适用法律不当，处罚缺乏法律与事实依据，或滥用自由裁量权，处罚畸轻畸重，或不依法履行职责。执法受经济利益所驱动，以执法权力为个人或小集体谋利益。野蛮执法，执法不公，以权谋私。执法队伍手段与经验不适应客观要求。地方保护主义作祟，跨地区执法困难。执法处罚缺乏监督机制，对以言代法，以权压法，徇情枉法及贪污受贿者得不到彻底追究与纠正。一句话，有些地方单位执法依据由人治代替了法治，没有做到法律至上。

上述问题的存在是因为我国政府管理中依法行政的基础并不牢固：

1. 行政执法中的有的法律并不是良法，行政立法的指导思想被扭曲。我国在立法工作中，由于行政立法权在“依法行政”

口号下日益膨胀，加上行政立法法治监控机制的残缺，行政立法显露了一种架空、取代甚至凌驾于法律之上的危险倾向，因而行政法律规范急剧增多，调整行政关系的行政法规与行政规章占整个行政法律规范的98%；行政法律粗疏，由行政法规、地方性法规、规章补充、细化，甚至取而代之，难免形成行政执法机关为自己制造执法依据的不正常的现象。

2. 行政执法体制梗阻，形成行政执法职责很难落实。具体表现在：行政职能与企事业职能合而为一，管理权、经营权与行政处罚权集于一身；政企不分，例如行政性公司以及其他以公司、组织命名实则把生产经营、监督检查与处罚等职能合为一体的组织，就很难自己监督自己，公正执法；执法部门之间职责交叉重叠或不衔接，且缺乏权威的协调解决纠纷的机制，造成有些事情彼此争着管，有些事情都不管，以致违法现象得不到解决。一般执法机构隶属于同级政府，其人事任免、经费来源及其他物质条件的保障都必须依靠同级政府，因而执法要受到同级政府的经济利益的制约，如违反城市规则搞违章建筑的主体，多是街道办事处、乡镇政府及其支持下的居（村）民委员会等组织，很难查处，因此形成经常性执法被突击性执法所取代，执法时断时续。

3. 现行的法律、法规不完善，难于执行。在现行的法律、法规、规章中，有的相互矛盾；有的过时了尚未修改、废止；有的过于粗疏，难以严格依法执法。例如，销售者以短尺少秤侵害消费者权益的违法行为，根据计量法规定，应由县级以上政府计量部门处罚，也可由工商行政部门处罚；根据价格管理条例规定，应由物价检察机构处罚；根据城乡集市贸易管理办法和城乡个体工商户管理暂行条例规定，应由工商行政管理部门处罚。而上述法律、法规不仅规定的执法主体各不相同，而且对这种同一违法行为规定的处罚幅度差别很大，造成很难执行。在执法程序上，有的法律未作规定，或设定程序十分粗陋，灵活性太大，可操作性差或随意性大，给严格执法带来极大困难。有的程度规定脱离实际，过于烦琐。

4. 封建残余思想影响，地方与部门保护主义干扰，执法人员法律意识淡薄，知法的程度浅，依法办事的自觉性差，行政执法困难。整个社会民主和法制的基础比较差，法制氛围淡薄，执法环境与条件不完备，干扰执法的因素太多；说情风阻挠严格执法；一些领导同志对严格执法，说起来重要，干起来不要；重视权力和局部利益，忽视执法责任和义务；在一些执法人员的脑海中，上级的口头指示、批条或政策性文件代替了法律、法规。这是不依法办事、人治干预行政执法的思想根源。

5. 缺乏对行政权制约与执法监督机制。当前缺乏对违法的责任追究制与奖惩制。行政监督诸如层级监督、行政复议流于形式，司法行政监督受到严重干扰，以致行政执法中存在的一些问题，很难得到纠正，主要原因是：监督体制不合理，低位机构监督平行机构和高位机构，监督制度不健全，因而监督不力，惩处不严。缺乏法律追究责任制；行政复议没有独立负责的体制，受政府首长的制约；行政诉讼的体制不顺，法院受行政长官的干预。

因此，若想实行新政府管理体制，还有赖于全社会树立一种“法治精神”，在政府管理过程中严格“依法行政”。尊重宪法和法律的权威对国人来说不仅要成为法律责任，而且要成为道德义务，使法律权威至上的理念弥散并扎根于民众心里，使法律体现的正义、公正、自由精神大行其道并成为国家的主导价值准则。经济全球化必然使世界各国的法律互相促进，互相影响，这有助于用西方的法治文化改造中国传统的礼法文化，促进国人从传统政治思维向现代政治思维转变，彻底摒弃个人迷信、个人专断、权大于法、人大于法、情大于法、任人唯亲等封建政治文化观念，真正形成法律至上的法治管理文化，促进国人观念从“官本位”向“民本位”转变，促进各级党政领导干部的思想观念从统治向服务彻底转变。

第三节　完善依法行政，增进政府法治管理能力

增进政府的法治能力，有赖于全社会树立一种“法治精神”，在政府管理过程中严格“依法行政”。尊重宪法和法律的权威对国人来说不仅要成为法律责任，而且要成为道德义务，使法律权威至上的理念弥散并扎根于民众心里，使法律体现的正义、公正、自由精神大行其道并成为政府实行法治的主导价值准则。

一、增强全民的法律意识和法制观念，约束政府逆法治化的行为

美国著名法学家伯尔曼说过，“法律必须被信仰，否则它形同虚设。”[①] 他还指出：确保遵从规则的因素如信任、公正、可靠性的归属感，远比强制力更为重要。法律只在受到信任，并且因而并不要求强力制裁的时候，才是有效的，依法统治者无须处处都仰赖警察。总之，真正能阻止犯罪的乃是守法的传统，这种传统又植根于一种深切而热烈的信念之中，那就是，法律不仅是世俗政策的工具，而且还是生活终极目的和意义的一部分。强制不能成为人们守法的根本资源——这是守法自觉化的必要要求。要实现守法的自觉化，除了有良好的法律，执法者也遵守法律等条件外，还需要人们的法律观念和法律意识得到实质性的提高。如果没有现代法律观念，没有公民对法律的普遍信仰，公民的守法精神和良好的法治氛围就不能形成，法治就不可能实现。

中国的法制化建设和法治能力提高，需要全体党员，特别是领导干部必须加强法律知识学习，努力增强法治意识，掌握和提高运用法律手段管理经济和社会事务的本领，以自身的实际行动带动广大干部群众，在全社会形成学法、用法的良好风气，为依

① 伯尔曼：《法律与宗教》，三联书店 1991 年版，第 28 页。

法治国打下坚实的思想基础；执法机关和执法人员要本着对人民负责、忠实于法律的精神，严肃认真、一丝不苟地执行法律；严格追究犯罪行为的法律责任。真正使人人懂得法律，使越来越多的人不仅不犯法，而且能积极维护法律。建立起全社会积极参与对政府实施法律监督氛围和约束能力，防止政府不依法行政的逆法治化行为产生、扩大和蔓延，使政府的行为更多地走上依法行政的法治化轨道。

二、中国共产党依法执政是增强政府法治管理能力的政治前提

政党政治是现代政治文明的基本标志。在西方竞争性政党体制下，执政党若有法不依、滥用权力、专横腐败，则必然会招致选民的抛弃。政党之间的竞争迫使执政党奉公守法，兢兢业业，忠诚地为百姓谋福利。在中国，共产党处于长期执政的地位，其执政地位几乎不受任何外来的挑战和影响。党作为我国政治生活的核心，直接领导立法、行政、司法等各项工作。依法治国是党领导人民治理国家的基本方略。党是依法治国，建设社会主义政治文明的领导者和组织者，党的领导是实现依法治国、建设社会主义政治文明的根本保证。党模范地遵守宪法和法律，自觉在宪法和法律范围内活动，就能够极大地推动依法治国方略的落实，就能够极大地推动社会主义政治文明建设的进程。反之，党不遵守宪法和法律，就不能保证行政机关依法行政和司法机关的司法公正，依法治国，建设社会主义政治文明最终不能实现。

正确处理并依法规范党政关系、党和国家机关与其他社会组织的关系是实现依法行政的基本前提。中国共产党在领导中国革命的长期奋斗过程中，奠定了其在中华人民共和国的领导地位。因此，坚持中国共产党的领导地位，成为新中国建设事业成功的基本保障。然而，新中国成立后，中国共产党并没有及时理顺党与政府、社会的法律关系，简单地把党的领导理解为由党直接领

导、指挥国家与社会，直接发布文件和指示，形成了以党代政、党政不分的现象，一方面使执政党陷入烦琐的事务之中，另一方面又影响了国家机器的协调运转，结果是削弱了党的领导。针对这种情况，邓小平早在1980年就提出要求，一定要改变党政不分，以党代政现象，真正建立从国务院到地方各级政府从上到下的强有力的工作系统，并明确指出："今后凡属政府范围内的工作，都由国务院和地方各级政府讨论决定和发布文件，不再由党中央和地方各级党委发指示、做决定"。但是，由于党政分开到目前为止，仅仅停留在党的政策、原则上，并没有上升为体现人民意志的法律，党与包括政府在内的国家机关的权限范围并没有严格的法律规范，党政不分，以党代政的现象并没有得到彻底改善。

在新时期，必须改革党的执政理念、领导方式和执政方式，使党真正做到依法执政、文明执政。(1) 就政治理念而言，要彻底消除阶级斗争的影响，确立新型的政党理念。要"突破以'阶级斗争'理论为内容的传统'革命'政党的政治理念和政治运作模式，从强调自己消灭或战胜对方的零和博弈的'斗争性'，即不顾任何人或势力的反对，试图用暴力或以暴力为后盾去强力实现自己意志的政治取向，向崇尚民主的合作博弈的'竞争性'发展，即'形式上和平地谋求自己能拥有别人也渴求的支配权'，建立政治上'有规则的竞争'制度和法治框架。"(2) 在党政关系方面，要反对"以党治国"、"以党代政"，实行党政分开。(3) 在党法关系方面，要反对"以党代法"，以党的政策代替法律。党应当在宪法和法律的范围内活动，在法治的框架内制定和实施政策。(4) 克服行政化倾向，坚持集体领导制度。在党的委员会内，不应存在行政首长。党的总书记只是一种职责分工，不应享有独断的权力。邓小平明确指出，"每个书记只有一票的权利，不能由第一书记说了算。"这有利于克服党内第一书记（总书记）违反集体领导、实行个人专权的行政化、家长制倾向，实现党内民主。

三、规范政府法制化运行，提高政府依法管理能力

1. 加快政府行政机构的法制化建设。这包括行政机构的设置和编制法制化两个方面的内容。首先从行政机构设置方面思考，它要求在行政组织法中应当体现行政机构设置精简、科学、合理的原则，明确各级各类行政组织的名称、性质、工作范围、管理权限和隶属关系，规定机构设置的申请、审批程序，规定各级政府应该设置的职能机构，并且根据现代行政的要求合理规定各级政府决策、执行、监督和反馈系统之间的结构比例，以及不依照法律规定而滥设机构的组织和个人应承担的法律责任和具体制裁方法等。现行的行政组织法，包括《国务院组织法》和《地方各级人民代表大会和地方各级人民政府组织法》，大部分都是从管理的角度进行规定的，很少从规范和控制行政权力、保障行政相对人权益不受侵害的角度进行规定，所涉及到的法律问题还有许多尚未规定，诸如在行政组织权限中只规定了事务管辖权，而忽视了对具体权限的规定；对行政机关享有的其他权力，主要是部分行政机关享有一定的立法权和司法权，以及中央与地方的具体权力分配及其相互关系等还未做出明确的规定，这不适应经济和社会的发展。因此，制定和完善统一的行政组织法是当前行政法制建设中的重要任务。另一方面，从行政编制方面思考，行政机构内部的数量定额、人员结构比例和领导职数是否科学、合理，直接影响到行政组织的整体结构和功能的发挥，并且对行政效率也会产生重大的影响，此外，行政编制规模还直接和公民的负担相联系，行政编制规模愈大，行政经费的支出就愈多，当然公民的负担就会愈重。因此，必须要严格控制行政编制。长期以来，我国虽然重视编制的管理作用，但是缺乏编制法律的硬性约束。要从根本上解决机构和人员精简—膨胀—再精简—再膨胀的这种恶性循环，迫切需要通过健全行政组织法，制定行政编制法，加强对行政编制的全面规划。行政编制法要明确规定行政机

关的编制、内部结构和从属关系，严格控制机构和人员编制，防止机构重叠、层次过多、庞大膨胀。对增编应有明确的条件规定和严格的审批程序，违反增编规定不仅无效，而且还应当追究当事人的法律责任。

2. 加强行政行为的法制化建设。实现行政行为法制化主要是通过法律对国家行政管理过程及其各个环节的调整和规范，将行政行为一系列技术、方法、协调手段、行为方式和步骤程序化、法律化，为国家行政管理提供法律依据和技术保障。简言之，就是将行政管理主体及其行为置于法律调整和支配的状态。这既体现了依法行政的原则，又符合现代行政管理发展的趋势。行政程序是国家行政机关及其公务员实施行政行为的方式、步骤、空间、时限。行政程序法作为行政行为法制化的核心，以国家强制力和严肃性确保行政行为有序可循，有效运作，因而在行政法制建设中占有十分重要的地位。目前我国行政立法重实体法，轻程序法的现象还很严重，致使相当一部分行政行为尚缺严格的程序规范，这是导致行政权力滥用和僭越的重要原因。因此，加强行政程序立法，制定统一的行政程序法典是实现行政行为法制化的关键。行政行为法制化呼唤当代中国应早日制定行政程序法典，集中规定各类行政行为所应当遵循的程序，以及各行政部门在自行设定程序时所应当遵循的各种原则和规则。

完善行政程序已成为现代法治国家依法行政的重要手段之一。行政程序法制化要求行政主体行使职权时必须严格依照法律要求的方式、步骤、顺序和时间进行活动，充分体现程序的公正、公开、合理、合法，这既有利于防止行政主体主观臆断、武断专横地行使权力，又有利于保护行政行为相对合法权益的行使。使行政行为相对人在知悉自己相当权利的同时，利用听证、参与行政行为的决定过程，从而实现监督行政权，维护自身合法权益的目的。

3. 实行政府行政公开，健全对行政规章的审查制度。实行正常的行政管理需要行政机关制定必要的法规、规章和其他规范性文件。行政立法是我国立法的重要组成部分，它们对有效地调整社会和经济管理关系发挥重要的作用。但是，应当看到许多政府部门制订的规章因受部门利益的主导，在制订时缺乏合理的科学的论证，一些规章与法律的规定并不完全吻合，某些规章甚至为乱收费、乱罚款提供了依据，也为一些具体操作人员打擦边球、贪赃枉法、幕后交易提供可乘之机。当前为保障行政机关依法行政，一方面要对现行的规章进行清理，对不合理的甚至在内容上明确违法的规定要予以修改、废除。要尽快健全规章的审查制度，对规章的制订和出台应严格把关。另一方面就是要行政公开，增加行政工作的透明度，保证行政权的行使始终处于法律和人民监督之下。在行政机关行使处罚权时，做到：a. 执法人员应当公开身份；b. 有关处罚的法律、法规或规章应当公开；c. 处罚依据的证据、理由等应向当事人公开。使执法责任具体化、明朗化，并落到实处，提高行政机关及其工作人员依法行政的自觉性和水平，维护依法行政的严肃性。

四、改善依法行政监督机制，确保政府法治过程受到社会监督

目前行政执法效果与广大人民群众的期望仍有明显的差距，而行政执法中存在的问题，很大程度上是因为缺乏对行政的监督机制造成的。

1. 推行行政执法责任制。解决职责交叉重叠、越权执法、推诿和执法不到位的问题，划清各执法部门的职责，明确各自的执法任务，建立以行政首长责任为核心的执法责任体系，把执法责任、权限层层分解落实到职能机构、岗位和基层执法人员；同时，抓紧制定行政强制执行法，解决行政执法疲软问题；为了规范和强化行政执法活动，加强执法部门的内部层级监督，解决执法的随意性和以权压法的问题，必须建立对执法部门违法、不作为行为的追究制度和错案责任追究制度，行政首长违法批条的责

任追究制度和下级对领导者违法指示的抵制制度以及行政执法的统计报告制度和公开制度；建立健全执法人员培训和执法资格认证制度，执法责任和廉政勤政考核制度以及相应的奖惩制度，加强执法队伍建设，提高执法人员的素质；加强政府内部对行政执法的层级监督，强化各级政府法制机构的综合协调、检察监督职能，发挥其协调和监督的权威性，完善行政复议制度，发挥行政复议监督行政执法是否合法合理的职能，纠正行政机关违法执法的行为；同级人事、监察、财政、审计等部门要加强对违法违纪和经费使用、罚没款收入以及行政性收费的管理，使执法与经济利益脱钩，保证执法大公无私。

2. 强化监督机制，对监督者实行地位高、权力大、独立办案，排除外来干扰；加强各级人大对行政执法工作的监督。尽快制定人大监督工作的法律，使政府的自身监督与人大监督有机地结合起来，并纳入法治化轨道；各级人大及其常委会在选举和任命干部时，应把是否具备必要的法律知识、是否依法办事，作为衡量干部是否称职的重要标准；在听取他们的述职报告时，应把他们领导的地区或部门的执法工作开展情况作为重要的考察内容；各级人大常委会要通过听取和审议政府及其所在部门或单位实施法律、法规的工作报告，组织代表检察、视察、评议执法工作等形式，督促做好行政执法工作。改变监督不力，惩处不严的状况。

五、提高政府公务人员依法行政的能力

法律是要有人制定的，也是要靠人去执行的，依法行政的主体是国家公务员。实现依法行政，除了完善行政法律制度建设外，最终还是要靠广大的公务员在日常公共事务管理中严格依法办事，做到有法必依、执法必严。因此，尽快造就一支高素质的国家公务员队伍，是实现依法行政的迫切要求。长期以来，我国的行政管理工作主要是依靠党的政策和大规模的群众运动来进行的，缺乏法制的传统，我们的机关工作人员，也主要是按指示办

事，习惯于请示汇报，而不习惯于依法办事，不重视职责权限。这种状况，是与依法行政的要求不相适应的。各级政府的公务人员是依法行政的主体，增强政府的法治能力，必须提高公务人员的依法行政能力。

1. 完善人事考核制度。在选拔公务员及领导干部时，应将公务员及领导干部依法行政的能力作为一个重要的选拔考核标准，考核其对行政法基本知识及本部门法律知识的把握情况，考核将法律知识运用于实践的能力；将公务员及领导干部的依法行政能力作为平时考核的一个要素，《全面推进依法行政实施纲要》明确指出："建立和完善行政机关工作人员依法行政情况考核制度。要把依法行政情况作为考核行政机关工作人员的重要内容，完善考核制度，制定具体的措施和办法。"

2. 改革行政诉讼制度。完善的行政诉讼制度将会强化行政权力的依法行使，强化提高国家公务人员的依法行政能力。(1) 保持人民法院在行政诉讼中的独立性，不受其他机关的干预。行政诉讼的被告是行政机关，人民法院要摆脱受行政机关的干预，要改革人民法院的人、财、物管理体制，使之不受行政机关的干预和控制；(2) 要扩大行政诉讼的受案范围，使大部分行政行为都纳入司法审查范围，特别是将制定行政规范性文件的抽象行政行为纳入司法审查。目前法律规定可以对行政规范性文件进行行政复议时一并审查，这是一大进步，但这种救济仍无法有效监督行政机关依法制定行政性文件，无法强化行政机关依法行政；对行政规范性文件进行司法审查是加快行政法治化步伐的一个重要措施。目前行政规范性文件违法的现象相当普遍，导致了许多具体行政行为违法，影响了行政法治化的进程。要将行政规范性文件纳入司法审查范围，就必须改革和完善行政诉讼制度，在《行政诉讼法》中对行政规范性文件的整个诉讼程序给予具体规定，即建立保障行政规范性文件司法审查的行政诉讼制度；(3) 人民法院无权在判决撤销行政行为后代替行政机关做出行政行为，只能判决责令行政机关依法做出具体行政行为。而实践中行政机关往往不纠正错误，只会做出与原具体行政行为基本一致的行政行为，对此，行政诉讼法规定人民法院可以判决撤销，同时，可以采取以下措施：对应当归还的罚款或者应当给付的赔偿金，通知银行从该行政机关的账号内划拨；向该行政机关的上一级行政机关或者监察、人事机关提出司法建议，接受司法建议的机关，根据有关规定进行处理，并将处理情况告知人民法院；拒不履行判决、裁定，情节严重构成犯罪的，依法追究主管人员和直接责任人员的刑事责任。

第六章　中国政府公共财政管理能力建设

第一节　政府管理与财政能力

一、政府财政能力

政府作为一种高级形态的政治组织，要维持军事力量和庞大的官僚机构运转、推行其政策，离不开一定的物资资源供给，尤其是财政来源。恩格斯早就指出，为了维持国家的公共权力，“就需要公民缴纳费用——捐税”，“随着文明时代向前进展，甚至捐税也不够了；国家就发行期票，期债，即发行公债。”政府获取财政资源的能力一般称之为财政能力。财政能力是政府实现其基本职能的基础性能力。政府必须具备一定的财政能力，才能为公共产品和服务的生产、政府机构的正常运转提供最低限度的物质基础。

在市场经济条件下，政府的公共财政将按照社会公共需要的原则来确定其职能和支出，一般来说，其职能和支出应该界定在市场失灵和对公平分配的范围内。公共财政的职能实际上就是政府要承担的公共责任。公共财政的公共责任就是满足社会的公共需要。公共财政是根据公共需要来确定职能和支出的。公共需要指的是什么呢？马斯格雷夫认为：“公共需要是那些必须由预算来提供并且使用者可以直接免费得到的需要。”[①] 并认为，公共部门的规模取决于总产出中用于满足公共需要的份额。“为了配

---

① 理·A·马斯格雷夫：《比较财政分析》，上海三联书店 1996 年版，第 4 页。

置资源以提供社会需要，同时也为了将这种成本分摊给要求满足这种需要的人，要有一个税收—支出程序，正是这一意义上，社会需要的满足必须由预算来提供。”① 公共需要，从某种意义上说，就是公共物品。公共物品，指的是一类特殊的具有外部效应的物品，其一，提供“正外部效应”，其二，原则上能使社会全体成员享受到这种正外部效应。它们是具有“非排他性”和“非独占性”的那种产品。“非排他性”指产品的使用特性，具有“非排他性”的产品可以由两个以上的行为主体同时使用而不必增加成本；“非独占性”指产品的产权特性，具有“非独占性”的产品允许两个以上的独立主体同时拥有该产品的产权且任一主体不能防止其他主体对该产品的使用。具有绝对“非排他性”和“非独占性”的物品可以称之为“纯公共物品”，它们只能由政府提供，如国防；部分地具有“非排他性”和“非独占性”的物品可以称之为“准公共物品”，它们可以部分地由市场提供，典型的如教育。市场主体基于个人利益最大化的动机导致在公共产品供给上的“白搭车”倾向。因而公共物品是市场无法自行保证供给的。但是，公共物品是一个国家生存与发展必不可少的条件。只有政府有能力（权力和财力）也有责任，提供公共物品，满足公共需要。政府服务于公共领域的职能是任何国家都相同的，把提供公共物品作为政府财政职能的基本行为模式是极其必要的。如公共安全，社会程序，公用事业，基础设施，科技教育，社会保障，经济稳定，环境保护等等。因此，政府的公共财政必须承担的公共责任主要有以下方面：

1. 政府出于政治目的所必需承担的公共责任，即政府必须承担对内能维护社会秩序、巩固政权，对外能保障国家安全、维护领土完整的责任。与此相适应，公共财政必须提供国家机器正常运转的公共支出，如国防安全、行政管理、公安司法等的支出需求。公共财政这一层次的支出需要是最基本的。

---

① 理·A·马斯格雷夫：《比较财政分析》，上海三联书店 1996 年版，第 8 页。

2. 政府出于社会目的所必须承担的公共责任，一是基础设施，如基础科学研究、市政基础设施和公共交通系统等；二是公共服务，如环境保护、市政建设、社会福利、信息服务等。社会公共物品与公共服务是全体公民共同享有或消费的，它与私人物品不同，不具有排他性。消费者不会主动、自愿地对公共产品提供财力支持，因此，大多数公共产品只能由政府来提供，从而公共财政便产生了这一层次的支出需求。

3. 政府出于宏观经济稳定与经济增长的目的所必须承担的公共责任。财政是执行宏观经济政策性的重要工具，公共财政支出必须有助于实现充分就业、物价稳定、发展和公平等宏观经济目标的实现。从世界范围来看，经济呈现出一种周期性发展变化。政府采取财政、税收、货币等政策和手段对经济进行调控，创造一个相对稳定的宏观经济环境。政府履行宏观调控的职责必须要有相应的财力来保证，从而便形成了这一层次的财政支出需求。这一层次的支出需求具体包括基本建设投资、重点建设支出、发展性支出、转移支付及价格补贴支出等项目。另外，在生产力发展水平较低的国家或地区、政府还不能完全退出生产建设领域，对一些大型的、对优化生产力布局或发展新兴产业有重大意义的建设项目，财政还要参与，从而形成这一层次的支出需求，但无论如何，政府的直接投资一定是呈下降趋势的。

政府财政能力的大小主要取决于通过各种途径获得收入的大小及其运用管理水平的高低。政府财政能力相当大程度上影响甚至决定了政府管理的能力和水平高低。“影响政府能力的一个重要的因素就是发展，或者说现代化水平。一个国家越富有，其城市化程度、工业化程度、教育水平、社会化程度越高，那么其发展水平对政府的影响也就越大——无论这个国家的政府是民主还是独裁的。毕竟，政府的合法强制力所依赖的资源源于本国的社会和经济环境——无论这种环境是自由主义色彩浓厚的资本主义，还是社会主义，或者还是两种社会形态的混合。”[①] 因此，一般而言，穷政府财政能力过低，常常会导致政府功能的丧失和政府行为的扭曲；经济发展水平高的富裕政府，政府管理能力的物质基础更为雄厚，可以提供更多的公共产品和服务，政府与社会更易形成良性互动关系。

二、市场经济中的政府公共财政管理理论

公共财政是市场经济的产物，是以经济的市场化为前提的。公共财政理论的诞生是以 1776 年亚当·斯密的《国民财富的性质和原因的研究》一书的出版为标志。在这两百多年的历史中，公共财政理论是不断发展变化的，它经历了两个发展阶段：第一个阶段是从亚当·斯密的《国富论》到凯恩斯主义以前的时期，这一阶段可以称作早期自由市场经济。在早期自由市场经济基础上运行的财政可以称为早期的公共财政。第二阶段是现代资本主义时期。1929 年至 1933 年西方国家爆发了空前的经济危机，在长期深重的萧条之下，传统的市场自动均衡理论受到普遍怀疑，1936 年凯恩斯发表的《就业、利息和货币通论》（简称《通论》）标志着凯恩斯主义的诞生。凯恩斯主义的诞生标志着国家走上了大规模干预经济的道路。国家干预经济取代经济自由主义政策，成为经济学主流。这一时期存在的市场经济可以称作现代宏观调控下的市场经济，国家干预力很强，在此基础上运行的财政可以称为现代公共财政。

市场经济要求的是一种平等交易的原则，自由和平等是它的核心理念。作为经济体制，市场经济首先要求每一个进入市场参与交易的人，必须具有独立自由的人身资格和平等的政治经济法律地位。虽然市场经济要求的只是一种经济平等，但它却是人类

---

① 〔美〕菲利普·施密特：《民主化、治理和政府能力》，《经济社会体制比较》2005 年第 5 期。

政治平等的基础。没有经济平等，就很难有政治平等。平等的本质是公平、正义，即权利与义务分配的公正对等，它对每一个公民一视同仁地尊重，每个公民享受的权利与承担的义务也是相同的。民主政治反对特权。这个观念确认了，下一步就是将它制度化，使人的自由平等权利具有现实的物质基础和政治保障。换句话说，就是要建立市场经济制度和民主政治制度，建立一种使市场参与者和每个公民都能够展开公平的自由竞争、平等参与并共同承担责任的社会机制。从这个意义上说，市场经济与民主政治是相通的，有市场经济必有民主政治。可见，在市场经济的一般属性中，蕴涵着对公共财政建设和发展的政治要求。商品是天生的平等派。在本质上作为商品经济的市场经济所固有的一般属性，即市场经济的开放性、竞争性、自主性和平等性，不仅自然而然地形成了人们对自由、平等和民主的思想观念及其政治要求，而且要求涉足公共经济和社会事务的政府财政，也必须在自己的财政活动中履行这些原则和要求，接受社会公众的社会抉择，体现公平、公正和公开原则，以实现社会利益最大化的政策目标。

从经济的角度看问题，民主制的核心就是财政民主制。我们所说的建立与市场经济相适应的民主政治，其主要内容也是财政民主制。什么是财政民主制？依笔者的理解，就是政府按照民众的意愿，通过民主的程序，运用民主的方式来理政府之财的制度。它是与市场经济体制相适应的财政制度。因为民主制从来就不是一个纯粹的政治问题，它是针对政府行为，特别是政府配置资源的行为而发展起来的。一些学者直到现在仍把民主政治只看作是一个政治范畴，这是不全面、不准确的。现代市场经济需要民主制度，因为市场经济的灵魂是平等竞争，反对权力市场化。市场竞争越是激烈，就越是要求建立民主制度。只要有了财政民主制，利益就会得到照顾。西方社会数十年来未见有大的社会动乱，这可能是一个重要原因。英国历史上一位政治家“风能进，雨能进，国王不能进”的名言说明早在18世纪，西方国家就已初步建立了产权制度。

在财政民主制下，政府的财政行为由不受监控或由上级监控转化为“纳税人监控”。纳税人监控必须通过某种形式，这在西方国家就是议会。议会理应代表着纳税人的利益，反映着纳税人的呼声。纳税人通过议会对要不要征税、征什么税、征多少税，如何安排财政支出，支出效果如何等问题应直接作出原则性决定并对政府的具体实施行为进行监控，并有权对政府的财政部门或主管官员进行奖惩。应当指出，资本主义国家的议会从根本上讲是不能真正代表人民的，也是不可能真正反映人民意志的，但其完备的公共财政体制的形式，却是可以借鉴的。

财政的民主制要求政府平等对待所有的市场主体，从财政支出方面看，就是政府提供的公共服务，是适用于所有市场主体的，或者说是服务于所有市场主体的根本利益的。例如，政府修建高速公路，所有的社会成员都是处于自动受益者之列，而不能只是国有经济才能使用；政府的环境保护活动，也不是只为国有经济提供的公共服务，而是为整个社会做的事。在税收方面，让某些经济成分享受低税率，或减免其税收负担，而对另一些经济成分反其道而行之，就会人为地破坏交换活动的等价原则，造成不公平的市场环境。有人会问，西方国家的社会保障支出并没有向所有的市场主体提供，而只是社会中的一部分人享受，怎么能说是平等对待所有的市场主体呢？是的，社会保障支出的直接受益者是“贫困线”以下的社会贫困阶层，但其最终受益者仍然是整个社会，因为政府在这里提供了“稳定”这种公共服务。西方的“两道社会安全网”使得那里半个多世纪以来没有发生“穷则思变”式的社会革命，甚至连较为激烈的阶级对立也很少发生，不是很发人深思吗？也许还有人会问，税收并不是一视同仁的，典型的如所得税的超额累进征收，使市场主体的负担差距拉得很大，有的负担很重，有的却只缴纳很轻的税甚至无须缴税，这又怎么解释？实际上，税收表面上这些歧视性的做法，依据的仍然是效率、公平和稳定的原则，所谓“富者税重，贫者税轻甚至无税”，不就是最大的公平吗？

我国的社会主义市场经济是一种市场经济，理所当然蕴含着市场经济一般属性对公共财政建设和发展的政治要求。因此，我国应当建立公共财政体制作为适应市场经济要求的一种政府财政管理模式。

三、政府公共管理与公共财政

公共财政的产生、丰富和发展与一个国家的市场经济发展和民主政治建设一脉相连，公共财政的建设和完善，是与市场经济、民主政治建设同步进行，并作为基础推动着政府公共管理水平的提高。

1. 公共财政的“公共性”特点决定了公共财政是与公共管理的目的相一致的。（1）公共财政是为市场提供一视同仁服务的财政。市场经济是通过多个经济主体的等价交换活动而连成的有机的统一整体，这就决定了政府及其财政必须一视同仁地对待所有的经济主体，否则将否定人们在市场交换中的等价性，而从根本上否定市场经济。（2）公共财政是非营利性的财政。营利性是市场经济活动的直接动力和目的，之所以产生市场失灵或市场失效问题，其主要原因之一是因为存在无法确保应有的或正常的市场营利的领域。这样，只能处于市场失灵或市场失效领域内的政府及其财政，就不能进入市场去追逐营利，而只能以社会利益为活动目的，只能从事非营利性活动，从而具有非营利性。（3）公共财政是法制化的财政。市场经济是法治经济，对于政府来说，其活动和行为也应当置于法律的根本约束之下。公共财政作为政府直接进行的活动，在市场经济下显然也要受法律的约束和规范，政府预算就是约束公共财政的基本法律手段。

2. 政府的财政活动与政府的公共管理之间存在有机的必然联系。作为一门公共部门经济学，公共财政研究的基本问题，是在一个经济社会中界定财政作为公共部门经济与私人部门经济之间的合理界限的问题，即哪些经济活动必须或应该划入公共经济活动的范围，哪些经济活动可以或应该划到私人部门经济活动的范围内，以及公共部门经济活动的方式及其对私人部门经济甚至整个国民经济的运行所产生的影响。一方面，政府的公共财政活动构成了公共管理活动的首要前提和物质基础，人们可以通过对政府公共经济活动中货币流量和流向的统计分析，来印证政府现实中的公共管理行为，离开了公共财政，政府的公共管理行为也不复存在；另一方面，公共财政体制对公共管理行为构成强有力的“硬约束”，政府的公共管理行为通常体现在按法定程序制定的公共财政收支范围内，从而对政府公共管理行为的合法性形成有效的监督和控制。另外，政府的财政行为本身也是公共管理行为的一种。财政是政府的职能部门，财政职能内含于政府职能之中，公共财政行为内含于公共管理行为之中。由是观之，财政作为政府实现其职能手段的物质保证，必须遵循政府行政的职能和范围，并以其为依据组织收入和安排支出。财政作为政府职能手段之一，必须符合政府行政行为规范，并以其为依据进行财政管理。此外，从公共财政角度研究公共管理行为，更便于我们运用实证性研究方法考察政府的实际规模、政府的管理责任以及政府的管理能力。在崇尚“管理主义”的英美国家，各种具有时代特征的管理思想、工商部门的管理技术以及市场竞争等办法始终不断地渗透到公共行政部门，充实到政府的财政预算管理当中。从政府财政预算角度出发，探索与设计公共行政模式成为“管理主义”最主要的特征之一。

西方发达市场经济国家，普遍具有较完善的公共财政体制，政府财政与公共管理行为具有高度的一致性。一是西方发达国家的政府实际收入与政府财政收入基本是一致的；二是西方发达国家的财政体制对政府的活动范围有着明确的界定，即政府职能主要限定在公共事务领域；三是财政预算体制具有统一性、完整性和规范性的特点，政府的各项收支基本纳入本级的收支预算范围；预算收支表基本反映了政府的所有经济活动；四是由于预算必须通过本级立法机构的审议和通过，因此它对本级政府及其各部门的公共行政活动具有极强的约束力。因此，从西方发达国家公共财政与预算的作用来看，基本可以做到通过对政府财政活动的分析，准确地衡量政府公共行政行为。例如，财政支出水平（指财政支出占国内生产总值的比重）的大小，可作为衡量政府实际规模的主要指标；行政管理费占财政支出的大小，可以衡量政府行政管理的成本；中央财政收入占全国财政收入的比重，可以衡量中央政府的财权集中程度。

可以看出，公共财政职能与政府的公共管理职能是相对应的，公共责任与公共需要是相对应的。政府若想高效、公正、廉洁地履行公共责任，就必须建立面向市场的公共财政体制，从而提高政府自身的公共管理能力和真正体现政府行政管理的“公共性”。

第二节　公共财政管理理论

一、公共财政收入管理

1. 公共收入的含义。公共收入也称财政收入或政府收入，是指在一个财政年度内，政府为满足社会公共需要，凭借政治权力和财产权力，通过各种途径和形式，依法取得的一切货币收入和实物收入的总和。

（1）公共收入是政府依法取得的一切货币收入和实物收入的总和。凡是体现政府功能活动的收入，都应当纳入公共收入的范围，既包括预算内收入也包括预算外收入，既包括中央政府收入也包括地方各级政府收入，既包括财政、税务、海关等征收机关组织的收入也包括有收入分配权的其他政府部门和事业单位履行或代行政府职能而取得的收入。从公共收入的具体形式看，既包括政府依法取得的货币收入，也包括以实物或劳务形式取得的公共收入。

（2）公共收入是政府凭借政治权力和财产权力取得的收入。

政府取得公共收入主要有两种：一是政治（行政）权力，二是经济（财产）权力。早期市场经济时期政府取得公共收入主要凭借经济权力，公共收入主要来源于公有财产，因此，亚当·斯密把公共收入分为国家资源收入和税收收入两类。随着现代市场经济的发展，政府取得公共收入的依据发生了巨大的变化，公共收入主要是凭借政治（行政）权力以税收的形式取得，因此，国外学者将公共收入分为税收收入和非税收收入两大类。此外，政府还以财产权力取得资产收入以及凭借政府信用取得债务收入。

（3）公共收入是政府依法行政的成本，是政府提供公共产品的价格。在现代社会中，政府免费或部分免费向社会公众提供公共产品和服务，公众可以不受个人经济约束，无偿或只需负担少量费用就可以取得产品的消费权或享受该产品所带来的好处。然而，政府能够免费或部分免费向公众提供产品和服务，是由于政府可以通过税收等收入形式取得收入来源，以补偿这些产品或服务的生产成本，因此，政府公共物品的提供依赖于税收，税收是政府依法行政的成本，是政府提供公共产品的社会价格。

（4）公共收入是公共财政收支活动的重要环节，是公共支出的基础和保证。市场经济条件下，政府公共财政收支活动的内在逻辑是：在明确政府与市场边界的基础上，准确界定政府职能，依此确定公共财政的支出范围和收入规模。因此，公共支出是公共收入的前提，公共收入是公共支出的基础和保证。

（5）公共收入是政府优化资源配置、公平社会分配、调节经济运行、维护社会稳定的重要手段。组织公共收入的过程实际上是社会资源向政府部门转移的过程，同时也是调节资源在政府部门和非政府部门之间、公共产品和私人产品之间、社会供给和社会需求之间，社会财富在不同社会成员之间的配比过程。因此，公共收入取之有道，用之合理、有效，必将对资源高效配置、社会公平的实现以及经济的稳定增长发挥重要的调控和引导作用。

2. 公共收入的形式。在历史上，由于经济的不断发展和国家职能需要的不断增加，公共收入的形式也不断变化。到了现代，各国公共收入的形式已经基本稳定和成熟。

（1）税收收入。税收是政府为履行职能，凭借政治权力，按照特定标准，强制、无偿地取得公共收入的一种形式。特定标准是指税收的对象和比例事先由法律确定，时间上是连续的，数量上是有限的。强制性是指纳税是纳税人必须履行的法律义务。无偿性是指国家征税后不直接偿还给纳税人，也不提供任何报酬。税收收入是现代国家最重要的公共收入形式，是世界各国公共收入的主要来源，一般约占各国经常性公共收入的90%以上。

（2）债务收入。债务收入包括国内发行的公债、国库券、经济建设债券，向国外政府、各级组织和商业银行的借款等。国家采取信用形式，以债务人的身份向国内和国外举借的各种债款，通称为公债或国债。公债是国家取得公共收入的一种特殊形式。它是用来弥补国家财政开支不足或进行大规模经济建设、动员筹集财政资金的一种形式。公债是特殊的公共收入形式，也是政府调节经济的重要杠杆。公债不以财产或者收益作为担保物，它的发行依靠政府信誉，政府与公债认购者在法律上处于平等地位。发行公债，以公债人自愿为前提，不具有强制性。公债不仅还本还要付息，不具有无偿性。

（3）国有资产收益。国有资产收益是政府凭借其资产所有权取得的股息、红利、租金、资金占有费、土地批租收入、国有资产转让及处置收入等。国有资产可分为国有动产和不动产。国有不动产又包括作为公共用途的非经营性资产（如公共基础设施）和以取得公共收入为目的的经营性资产。国有动产主要指政府持有的债券、股票、储金、基金等。国有资产的有效运营和充分利用，能够带来巨额的公共收入。国有资产收益的形式主要取决于国家对国有资产的经营方式。按资产所有权和经营权是否分离及分离的程度不同，主要有国家直接经营、国有企业的承包经营、国有企业的租赁经营和国有企业的股份经营等。不同的经营方式，其上缴的收益也不同。

（4）政府费收入。这是指政府各部门收取的各种费用和基金性收入，包括行政执法过程中收取的各种规费和公共财产使用费。它们是地方政府的主要收入。我国现阶段政府费收入主要有五类：规费收入、公产使用费、特别课征、各种摊派性费用、特许金。

（5）其他收入形式。其他收入形式是上述几种收入之外的政府各种杂项收入，比较常见的有：罚没收入、对政府的捐赠、“通货膨胀税”。

3. 公共收入规模。公共收入规模是衡量一国在一定时期内（通常指一个财政年度），各级政府以各种形式占有社会资源的价值总量的重要指标。它反映了该国政府在经济社会中职能范围的大小，干预经济的深度、广度和力度。保持公共收入的持续稳定增长是各国政府重要的财政目标。

衡量公共收入的规模，有绝对量和相对量两大指标体系。公共收入规模的绝对量是指在一定时期内公共收入的实际价值总量。衡量公共收入规模的绝对指标是财政总收入，它是一个多层次、综合性的指标体系，主要包括全国财政总收入、中央和地方财政总收入、中央本级公共收入和地方本级公共收入等。从静态考察，公共收入的绝对量在一定程度上反映了一国或某一地区在一定时期内的经济发展水平和财力集散程度，体现了政府运用各种公共收入政策工具调控经济运行、参与收入分配和资源配置的范围和力度；从动态考察，则反映了公共收入规模随经济发展、经济体制改革、分配政策调整以及政府职能变化而增减的趋势和规律，同时也体现了在资源配置和收入分配过程中政府与市场两种机制的作用范围、调控力度及配比关系的发展变化。

公共收入规模的相对量是指在一定时期内公共收入与相关经济和社会发展指标的比率。衡量公共收入相对规模的指标体系通常包括：公共收入占国内生产总值（GDP）的比重，公共收入占国民收入（IN）的比重，中央政府公共收入或地方政府公共收入占 GDP 的比重，中央公共收入占全国公共收入的比重等。其中，财政收入占 GDP 的比重是衡量一国或地区收入规模相对量的最基本指标。这一指标综合体现了政府与微观经济主体占有和支配社会资源的比例关系，体现着政府调节社会财富分配结构和资源配置，进而影响经济运行的深度、广度和力度。在GDP为一个既定的量时，公共收入，主要是财政收入占GDP的比重越高，表明政府部门占有和控制社会资源的数量越多、程度越深、力度越大，而私人部门占有和支配的社会资源越少，私人在社会经济生活中的地位和作用越小。一般来说，各国公共收入规模，其中主要是财政收入规模占GDP的比重随着经济发展而不断提高，且发达国家的财政收入占国内生产总值（GDP）的比重高于发展中国家。

在公共收入中，影响财政收入规模和收入增长速度的因素主要有：第一，经济发展水平。这是影响财政收入的最基本因素。经济发展水平的主要指标，如GDP，人均GDP等，从总体上反映出一国社会产出的多少和生产效率的高低。各国经济发展表明，经济发展水平的提高，有利于财政收入的增加。第二，生产技术水平。是指生产中采用先进技术的程度，它内化于经济发展水平之中，是影响财政收入规模的重要因素。一方面由于技术水平进步导致生产速度加快和产品质量提高；另一方面技术进步带来物质消耗的降低和经济效率的提高。根据测算，发达国家经济增长的诸因素中，技术进步所占的比重，从20世纪初的5.2%，上升到70年代的60%以上，其中在美国达到80%左右。第三，公众生活水平的提高。它对财政收入占国民收入比重的影响主要表现在工资水平和农副产品收购价格两方面。在国民收入既定的条件下，工资所占比重增加会降低政府收入比重。第四，实现政府职能的需要。财政是国家为了实现其职能需要，对社会产品进行的分配，因此，财政收入的规模应在合理安排、厉行节约的前提下满足实现国家职能所需要的支出。这些支出既包括维持性的支出，即维持以往年度已达到的物质文化水平所必需的各项支出，又包括发展性支出，即政府财政收入用于经济建设等的支出。

二、公共财政支出管理

公共支出是以国家为主体、以财政的事权为依据进行的一种财政资金分配活动，它集中反映了国家的职能活动范围及其所造成的耗费。

1. 公共支出的分类。

（1）根据政府职能进行的公共支出分类。公共支出的直接目的是满足政府执行其职能的物质需要。按政府职能分类是西方国家常用的支出分类方法，国际货币基金组织（IMF）编写的《政府财政统计手册》，把政府的职能归入以下四类：一般政府服务、公共和社会服务、经济服务、其他职能。按政府职能对公共支出进行分类，可以表明公共支出的用途及这个公共支出在主要职能之间的配置，还可以表现各类支出在整个公共支出中的相对地位以及在不同时期的变动情况。

（2）按资金分配部门进行的公共支出分类。按部门（机构）划分的公共支出，表现为公共支出在政府各部门之间的分配，并根据这些分配进行拨款。按职能划分与按部门进行的支出分类都是制定和执行预算过程中实际使用的重要方法。按部门分类比按职能分类更为具体，而且便于将公共支出同实际支出的政府部门联系起来，便于明确各有关部门对政府公共支出及政府资金使用效果所负有的责任和实践状况。在政府预算的日常执行中，按机构划分比按职能划分更为有用。

（3）根据行政级次进行的公共支出分类。现代世界各国均依照该国政权的级次设置相应级次的财政。基本上每个级次的财政都有其本级的公共支出范围，从事本级次的相对独立的财政活动。例如，美国是一个联邦制国家，其政权由联邦政府、州政府和地方政府组成，与之相适应，公共支出也由联邦公共支出、州公共支出和地方公共支出三个级次构成。公共支出的行政分类，反映了中央与地方在政府财政资源配置中的地位和相互关系。从我国历年的改革实践看，在财政体制当中，中央与地方之间的财政分配关系一直是财政体制的核心问题，问题的焦点，又主要表现在中央恶化地方支出关系的处理上。因此，分析公共支出的行政分类，不仅具有重要的理论意义，而且也具有十分重要的现实意义。

（4）按支出是否有直接补偿进行的支出分类。根据公共支出有无对等的代价为标准，即按照公共支出是否在经济上直接获得等价性补偿为标准分类，公共支出可分为购买性支出和转移性支出。购买性支出是政府各部门的消费和投资性支出，包括购买进行日常活动所需的商品与劳务支出。这类支出反映了公共部门占用社会资源的要求，由公共部门运用这部分社会资源，就排除了私人部门运用这部分资源可能性。转移性支出是指政府按照一定的方式把一部分财政资金无偿地转移给受益人。这是一种片面的无偿支付，政府不能从中获得相等的回报，相对于在私人部门之间进行资源的再分配，政府只是充当一个中介人的作用。这类支出主要包括债务利息支出、养老金、补贴、失业救济金等。

（5）按公共支出的目的性进行的支出分类。按照公共支出的目的性进行支出分类，公共支出可以分为预防性支出和创造性支出。所谓预防性支出是指由于维护社会秩序和保卫国家安全，使其不受国内外敌对力量的破坏，以保障人民的生命财产安全与生活稳定的支出。这类支出主要包括国防、警察、法庭、监狱与政府行政部门的支出。所谓创造性支出，是指用于改善公众生活、使社会秩序良好、经济更快发展的支出。这类支出主要包括经济、文教、卫生和社会福利支出。以目的性为标准对公共支出进行分类，有助于揭示公共支出的变化趋势及其在生活中的作用。

（6）按支出的受益范围进行公共支出分类。按照支出的受益范围进行分类，公共支出可分为一般利益支出和特殊利益支出。所谓一般利益支出是指大多数人或全体社会成员均享受的利益支出，包括军事支出、行政管理支出、司法支出等。所谓特殊利益支出，是指社会中某些特定居民和企业享受的特殊利益支出，包括教育支出、居民补助支出、医药支出、企业补助支出、债务利息支出等。以受益范围为标准进行支出分类，可以说明公共支出所体现的分配关系，进而分析不同阶层或不同利益集团的投票者在公共支出决策过程中所可能采取的态度。

2. 公共支出效益评价方法。

(1) 成本—收益评价方法。对特定公共支出项目进行评价最主要的方法是成本—收益分析法。这种方法是一种经济决策方法，它是通过比较各种备选项目的全部预期收益和全部预期成本的现值来评价这些项目，以作为决策参考或依据的一种方法。对于政府部门和私人经济部门来说，进行成本—收益分析的程序一般都要包括四个步骤：确定一系列可供选择的方案；确定每种方案的最终结果，也就是每种方案所需要的投入量和将会实现的产出量；对每一种投入和产出进行评估；加总每个项目的所有成本和收益以估计项目总的获利能力。

(2) 公共劳务收费法。这是西方市场经济国家衡量公共支出效益的方法。这里的公共劳务，是指政府为行使职能而开展的各种工作，包括军事、行政、城市基础设施、各项社会事业等方面。运用公共劳务收费法来提高公共支出效益，其要旨不在于选择项目，而在于把商品买卖的原则运用到一部分公共劳务的提供和使用上，通过给公共劳务定价、使公共劳务得到最节约、最有效的使用，从而达到提高公共支出效益的目的。

(3) 最低费用选择法。这一方法就是根据某项财政支出的目标，制定若干个支出方案，通过比较不同方案成本开支的大小，来选择确定其中费用开支最少的一个方案，并据此方案划拨和使用财政资金。运用最低费用选择法来分析财政支出的效益，其具体步骤与成本—收益分析法大致相同，所不同的是最低费用选择法只分析某个支出项目的成本开支状况，而不分析其效益状况。其原因在于适用此分析方法的开支项目，所获得的只有社会效益而没有直接的经济效益。采用最低费用选择法来分析财政支出效益的难点不在于费用开支的比较上，而在于不同支出方案能否无差别地实现财政支出的目的。

通过上述三种效益分析法，可以使一个国家的全部公共支出项目运用得当，提高公共资金的总体效益。

3. 公共支出管理方法。

（1）部门预算。部门预算就是把部门作为预算编制的基础单位。部门预算是一个综合预算，它既包括行政单位预算，又包括事业单位预算；既包括正常支出预算，也包括专项支出预算；既包括预算内的收支计划，又包括预算外的收支计划；还有基金预算等。

（2）政府采购。政府采购是指各级国家机关、实现预算管理的事业单位和社会团体采取竞争、择优、公正、公平、公开的形式使用财政性资金，以购买、租赁、委托或雇佣等方式获取货物、工程和服务的行为。政府采购是公共财政体系中一个重要组成部分，是市场经济国家管理购买性支出的一项基本手段，也是国际上通行的政府加强财政支出管理和调控经济的重要手段。

（3）国库集中支付。国库集中支付就是对从预算分配到资金拨付、资金使用、银行清算，直到资金到达商品和劳务供应者账户全过程的监控方法和制度。其基本含义是：财政部门在中央银行设立一个统一的银行账户，各单位的预算资金统一在该账户下设立的分类账户中集中管理；预算资金不再拨付给各单位分散保存；各单位可根据自己履行职能的需要，在批准的预算项目和额度内自行决定购买何种商品和劳务，但支付款项要由财政部门来进行；除特殊用途外，资金都要通过国库直接支付给商品和劳务供应者。

三、公共财政政府预算管理

政府预算，作为一种管理工具，也叫国家预算，它是任何国家政府进行财政管理所必需的。就公共财政而言，政府预算就是指经法定程序审核批准的具有法律效力的政府年度财政收支计划，是政府筹集、分配和管理财政资金的重要工具。政府预算的功能首先是反映政府的财政收支状况，其次是它对政府支出的控制。

预算是民主政治发展的产物。英国是资本主义发展最早、议会制度形成最早的国家。1215 年英国的《大宪章》，议会获得了赋税的立法权。14 世纪初，英国的新兴资产阶级、城市市民和广大农民就起来反对封建君主横征暴敛，要求对国王的课税权进行一定的限制。此后，新兴资产阶级力量进一步壮大，他们充分利用议会同封建统治者争夺国家财政权。他们通过议会审查国家的财政收支，要求政府各项收入必须事先做计划，经议会审查通过，才能执行，从而限制了封建君主的财政权。1640 年资产阶级革命后，英国的财政权已受到议会的完全控制。到 1688 年，英国资产阶级议会还进一步规定皇室年俸由议会决定，国王的私人支出与政府的财政支出要区别开来，不得混淆。1689 年通过的《权利法案》重申，不经议会批准王室政府不得强迫任何人纳税或作其他缴纳；还规定征税收入的使用和预算支出都必须经过议会批准，并采用按年分配收支，在年前作出收支计划，提请议会审批和监督的办法。英国的预算制度，从公元 14 世纪出现新兴资产阶级后，经过几百年的时间，到 18 世纪，才发展成为典型的资本主义政府预算。欧美其他资本主义国家的政府预算制度确立较晚，一般是在十八九世纪建立了资产阶级政权之后才形成的。美国是在第一次世界大战后，于 1921 年通过了《预算审计方案》，正式规定总统每年要向国会提出预算报告。

1. 政府预算的原则。政府预算的原则是指国家选择预算形式和体系应遵循的指导思想，也就是制定政府财政收支计划的方针。一个国家的预算原则一般是通过制定政府预算法来体现。(1) 完整性。政府预算的完整性要求政府的预算要包括政府全年的全部预算收支项目，完整地反映政府全部的财政收支活动，不允许有预算外的其他财政收支。(2) 统一性。政府预算的统一性要求预算收支按照统一的程序来编制，任何单位的收支都要以总额列入预算，不应当只列入收支相抵后的净额。统一性的原则实际上就是要求各级政府都只能编制一个统一的预算，不能以临时预算或特种基金的形式另外编制预算。(3) 年度性。任何一个政府预算的编制和实现，都要有时间上的界定，预算要按预算年度编制，列出全年的公共收支，对预算年度公共收支进行比较，不允许将不属于本年度财政收支的内容列入本年度的政府预算之中。(4) 可靠性。政府预算的可靠性要求每一收支项目的数字指标，必须运用科学的计算方法，依据充分，资料确实，不得假定、估算，更不能任意编造；各种收支的性质必须明确地区分，不能掺杂混同。(5) 公开性。所谓公开性是指各级政府预算及决算不仅要经过各级权力机关审批，还须向社会公众全面公开。即预算属于公开性的法律文件，所以其内容必须明确，以便于社会公众了解、审查政府如何支配纳税人的钱，并进行监督。

2. 政府预算的组织形式。现代国家产生后，最初的预算形式比较简单，通常是以一个收支对照表的形式在不同程度上反映政府占有支配社会产品的状况。以后，随着经济发展与政府活动范围、规模的扩大，预算的形式趋于多样化。主要有以下几种形式：(1) 单式预算。这种预算是传统意义上的预算形式，是将政府年度内的所有财政收支计划汇集编入一个统一的预算表中。这样能从整体上反映政府的财政收支情况，有利于立法机关审批和社会公众了解。但是随着政府职能的不断扩大和社会经济活动的日趋复杂，这种预算形式已经越来越不适应社会经济发展的要求。(2) 复式预算。复式预算是将预算年度内的政府全部财政收支，按收入来源和支出性质的不同编制成两个或两个以上的预算，分别从不同侧面反映同一时期国家的财政收支活动。比较典型的便是经常预算和资本预算，两种预算是按支出的性质来划分的，凡是日常行政支出属于经常预算。其收入来源是各项税收收入；凡是投资性支出，其中包括对公共工程和对国有经济部门的投资以及国家信用支出，则列入资本预算，其收入来源主要是政府各项信用收入。(3)绩效预算。绩效预算（Performance Budg-

eting）亦称为效率预算，是 20 世纪 50 年代由美国联邦政府提出，并应用于联邦政府的预算模式。绩效预算是一种以“绩效”为预算对象和拨款依据，把单位业绩与拨款联系起来的政府支出制度。以后，美国大体经历了 60 年代的设计计划预算（Program Planning and Budgeting System）；70 年代初的目标管理模式（Management by Objectives）；70 年代末的零基预算（Zero－base Budgeting）。到 90 年代初，配合当时旨在提高政府效率的“政府改革”（Reinventing Government）运动，绩效预算又重新提出，称为“新绩效预算”。与原绩效预算比较，新的绩效预算更重视长期计划的制定和政府整体效率。绩效预算的解释可以追溯到 1950 年美国总统预算办公室的定义：“绩效预算是这样一种预算，它阐述请求拨款是为了达到目标，为实现这些目标而拟定的计划需要花费多少钱，以及用哪些量化的指标来衡量其在实施每项计划的过程中取得的成绩和完成工作的情况”。具体可概括为三句话：政府提供的每项劳务都是要付钱的，不花钱的事是没有的；政府花的每一分钱都应当有效果，获得相应的公共劳务。花了钱而没有获得公共劳务，或者获得的劳务与花的钱不相称，这都是浪费；对制造浪费的人应当付出代价。[①]（4）零基预算。零基预算是指在编制预算时，一切从零开始，即假设对原有的各项开支都要进行重新审核，是一种由部门主管负责，从计划的起点开始做起的规划及预算程序。一般而言，零基预算的编制过程可以概括为：确定决策单位、选定决策方案（或称一揽子决定）、排序。

3. 政府决算。政府决算是经法定程序批准的年度预算执行结果的会计报告。决算是预算管理过程中一个必不可少的阶段，是整个预算程序的总结和终结。决算草案由各级政府、各部门、各单位，在每一预算年度终了后按政府行政机关规定的时间编

① 马国贤：《效率——公共财政建设的核心问题》，《财贸经济》2000 年第 10 期。

制。具体事项由财政部门部署。决算草案的审批与预算草案的审批程序相同。各级政府决算批准后，财政部门要向本级各部门批复决算，地方各级政府还应将批准的预算，报上一级政府备案。各级决算预算程序的最后一个环节，是一种事后监督。其内容是：由预算执行机构编制反映预算年度内预算收支执行情况的决算报告，经审计机构审核，国家立法机构批准后即告正式决算成立。正式决算的成立标志着该预算年度的预算程序的结束。

第三节　政府公共财政管理能力建设改革

一、中国政府公共财政管理能力现状

公共财政与政府公共管理之间的关系决定了我国必须建立公共财政体制才能推进政府管理的改革。但是，中国目前的政府公共管理理论和实践中都忽视了公共财政体制建立对公共管理的重要作用，这种忽视反过来又影响了政府公共管理的效率提高和改革的进程。

1. 我国的公共管理缺乏对政府财政行为的研究。中国公共管理学科的兴起，伴随着中国改革开放的整个历程。其间，改革实践对公共管理科学提出的最大需求，主要来自于体制转轨过程中的变革与创新动力。改革过程更关注于新体制的构建和权力的重新调整，即政府“应当做什么”，而不是真实地描述政府现实的公共管理行为，即政府“正在做什么”。因此，顺应这种改革实践的要求，中国公共管理科学在近 30 年的发展过程中，侧重于行政宏观体制的研究，把研究优化政府自身功能和结构，研究行政体制摆在重要地位。例如，政府职能和管理方式的转变，行政权力结构和组织结构的调整，政府、企业和社会各种权责的重新划分，行政人事制度改革和公务员制度建立等等，均成为中国公共管理科学研究的重点问题。而在体制转轨的背景下，对政府实际行为准确的量化描述，对行政管理方式方法的变革，既没有

实践上的强烈需求，在理论和研究方法上也缺少充足的知识储备。

2. 行政控制的惯性，妨碍公共财政框架的建立。公共财政体制下，要强化财政经济的控制力，要求公共财政对公共行政行为构成强有力的“硬约束”，政府的公共行政行为通常应当体现在按法定程序制定的公共财政支出预算范围内，从而对公共行政行为的合法性形成有效的监督和控制。计划经济体制下的思维惯性，使政府过分夸大“行政控制力”的作用，对财政分配制度作用于公共行政行为主体——各级政府及其所属各部门——所形成的“财政控制力”至今未完全形成共识。在原有中央高度集权的计划经济体制下，社会资源的配置方式主要通过中央政府计划命令的方式进行，从而形成中央到地方、政府到企业之间的“指挥—服从”命令系统。这种命令系统所显示出的“行政控制力”，增强了地方对中央、企业对政府的依附性，从而抑制了地方、企业自身利益的凸现。在计划经济体制下的社会资源配置方式的“行政控制力”，目前仍为政府许多部门不适宜地运用。政府预算的编制和执行都比较粗糙，并且法律性、规范性、约束性差，主要靠行政控制，靠经验办事。随着市场化经济体制改革的不断深化，以中央政府为单一利益主体的财政分配格局逐渐被打破，地方、企业的主体意识不断强化，追求自身利益已成为理性化的选择。这种行政控制力的惯性，既妨碍了财政控制力的发挥，也妨碍公共财政基本框架的建立，不仅在实践上遇到地方政府和企业的消极对抗，而且在理论上也违背了市场经济的原则。

3. 中国政府的财政支出与市场经济条件下的政府职能，在范围和方向上不相适应。改革开放以来，我国财政统收统支的局面已被打破，但国家大包大揽的传统分配观念和分配格局依然存在。迄今为止，政府的财政支出范围仍然是从传统计划经济体制下演变而来的，仍没有按照市场经济的原则对财政支出范围和方向进行合理界定，同建立社会主义市场经济体制的财政制度不相适应，主要体现在财政供给“越位”与“缺位”并存。一方面财政供给范围过大，包揽过多，特别是向竞争性生产建设领域的过多延伸，超出了政府职能范围；另一方面应由政府承担的社会公共需求，如城市基础设施建设投资、科教文卫支出、社会保障支出、环境保护投入等，在我国财政支出中所占比重明显偏低，财政供给能力不足的问题日益严重。

4. 政府职能界定不清，公共管理方向不明，使公共财政框架的建立缺乏现实依据。在体制转轨的背景下，对政府公共管理职能的界定和政府行为规范准确的量化描述，是建立公共财政基本框架的前提。改革实践对公共管理科学提出了最大的需求，这种来自于体制转轨过程中的变革与创新动力，对新体制的构建和权力的重新调整起到了积极的推动作用。但应当说，我国公共管理学研究虽经近 30 年的发展改革，主要的是重机构改革，而轻职能的转变和调整，在实践中，仍然是政府职能界定不清，政府管理改革方向不明。“皮之不存，毛将焉附?”公共管理改革框架的不明朗，便无法准确界定公共财政的规模和结构，使建立作为政府管理物质保障的公共财政框架缺乏科学依据。

就财政学的发展来说，中国正从传统计划经济体制下的“国家分配”理论向社会主义市场经济体制下的“公共财政”理论转变，从而使政府的财政支出范围与社会主义市场经济所要求的政府职能范围趋向一致，做到政府的财权与事权相统一。因此，在公共管理的学科背景和理论基础上，从公共财政的角度，来进一步研究公共行政问题，已具有现实的可能性。

二、中国政府公共财政管理改革与提高政府财政能力

公共财政最本质的体现是“公共”。“公共”就是强调人民是代表公共事务的主体，而不是以国家统治者为主体，国家也只能成为为人民提供公共服务的职能部门。公共财政的理论基础是社会契约论，强调自由、平等和人本主义，中国也有“民为重，君为轻，社稷次之”的说法，恐怕也是人本主义在中国的反映。在

这种理论的指导下，公共财政所追求的则是社会福利的最大化。国家财政则是国家产生之后的财政形式，是阶级性的产物。它突出了国家意志，强调国家凭借政治权力强制地无偿地向民众征收的一面，但没有强调好国家意志和民众意志的有机结合。在我国社会主义市场经济条件下的财政，既是公共财政，又是国家财政，是公共财政和国家财政的有机结合和统一。在社会主义市场经济条件下，我们强调公共财政，是从财政上还人民群众是国家主人翁的地位，从而以人民的意志为依归，明确税收与纳税人之间的责任原则。纳税人是财政的衣食父母，而财政则应为纳税人尽职尽责地提供高质量的公共服务。在社会主义初级阶段，社会主义公共财政则更能体现财政“取之于民，用之于民”的公共性质。财政是人民的、是社会的、是公共的。

在社会主义市场经济条件下，建立公共财政，是为了实现财政的公共性和国家管理“以人为本”的辩证统一。就中国目前的社会发展状况来说，目前仍然基本上处于由计划经济向市场经济的转轨时期，而且政治体制改革相对于经济体制改革来说，还处于滞后状态。在这种情况下，一方面要加快当代中国经济市场化改造的历史进程，另一方面又要加快社会主义民主政治建设的历史进程。与此同时，还要加快当代中国公共财政的建设与发展。然而，要加快当代中国公共财政建设的历史进程，关键是要在当代中国经济市场化改造和民主政治建设中，找到二者之间的结合点，即公共财政和“以人为本”的政府管理体制的结合点。

1. 在政府机构中引入竞争机制，准公共物品的提供要打破政府垄断的局面，用市场的力量来改进和提高公共物品供给效率。第一，基础设施、公共服务，政府不必是唯一的提供者。在许多国家中，基础设施、社会服务由政府作为垄断性的提供者没有产生好的结果。在公共物品提供中引入竞争机制，或者使之社会化。西方公共选择理论家认为，只要打破公共物品生产的垄断，在政府内建立起竞争机制，就可以消除政府低效率的最大障碍。他们提出了一些建立竞争机制的设想。比如，可以设置两个或两个以上的机构来提供相同的准公共物品或服务（城市供水系统、公交系统就可采取这种办法），使这些机构之间展开竞争以提高效率；可以把某些本来是由政府投资生产的公共物品，承包给私人生产者；在竞争中可以提高质量、降低成本，也可使有限的政府财力集中力量办好重要的事。第二，在政府行政机构中引入竞争机制。竞争性压力可以来自于政府行政机构内部，它通过以个人才干为基础的聘用制度来实现。压力还来自于国内私人部门，通过将服务承包出去或允许服务的私人提供者直接与公共机构竞争。在政府内建立责任制度，形成竞争机制，引进利润动机，以提高政府公务员的素质。建立责任制度，就是对政府官员要有责任约束，做到是非清楚，功过分明。尽职尽责、政绩显著的应提拔、重用和奖励，渎职、失职、以权谋私、给国家造成经济损失的应给以党纪政纪处分直到撤职或承担法律责任。不能有了成绩人人有份，出了事由集体和组织负责。形成竞争机制，就是要在政府各部门及政府官员之间形成一种竞争关系。可以在政府机关内部确立节约成本、提高效益的激励机制等等。总之，在政府机构中引入竞争机制，用市场的力量来改进政府的工作效率，这些办法有助于克服或防止公共财政支出的失控，提高政府工作效率，减少浪费。

2. 加强财政监督和社会监督，监督主体由政府职能部门扩大到社会监督机构，逐步形成财政监督、审计监督和社会监督三者并存的局面。要加强财政监督立法工作，使财政监督工作有法可依。必须强化预算约束，增加财政支出的透明度，国家预算具有法律效力，在执行中避免随意性；要引入民众的监督机制，既然政府是取财于社会，又用财于社会，这个财怎么用就应该由社会公众及其代表来决定或参与决策，公共财政就是政府用公共的钱办公共的事，政府要了解公众需要什么，调动社会成员提供决策信息、从事监督活动，有助于提高政府的能力。促进社会成员对公共决策的干预和参与，加强公民的政府责任意识，尤其在行政系统的输入方面要强化，民众不仅仅是行政系统输出方面的被动接受器，而应该在输入与输出双向都是积极的参与者。公民社会应当创造出更多的途径和机会。例如社区与团体的讨论，以及公共媒体上的讨论等，鼓励社会成员关心并参与有关重要的公共管理的讨论，从而对重大的公共决策发生影响和进行民主的干预和监督。一方面，民众个人、团体、组织参与公共活动的热情，可在政府引导下转变为政府决策所需的多方面的免费信息。不同阶层个人和不同团体作为不同的利益代表，有平等地表达意见的机会，使人民表达自己的意愿，使人民在政府政策的制订中拥有更大的发言权，有助于避免政府被片面的信息误导。另一方面，当政府的行为公开后，可把政府工作人员置于公众的监督之下，减少幕后的交易，避免政府决策受少数特殊利益者的影响，并且节约政府的监督成本。

3. 从严治政，依法治国。依法治国就要依法治税，而依法治税不仅包括纳税人依法交税，征税人依法征税，也包括用税人依法治政。依法治税，不要仅仅看到征纳双方的关系，还要看到税款的全部运作过程。最终是否用到了该用的地方去了。考察税款运行的全过程有助于建立良好的政府形象，提高工作效率和促进科学决策。将政府的公共决策和行政管理纳入法制化轨道，改善公共决策系统，提高公共决策质量；加强行政立法和行政执法，依法约束政府行为，实现政府公共财政过程的程序化、科学化和民主化，提高公共物品供给的质量和效率。规范政府的收支行为，既要有自我约束，又要置于监督之下。控制腐败要多管齐下，关键是用民主制度制约腐败。反腐败程度是表明政府可信度的一个标志。反腐败必须从体制及制度的创新上下功夫，才能从根本上消除寻租及腐败滋生的土壤与条件。“当人们处于从恶能得到好处的制度之下，要劝人从善是徒劳的”。[1] 所以，需要有一种外在的力量来制约行政权力运行过程中的负效应和被滥用的现象。必须对权力进行有效的监督和控制，通过以法制权，以权

① 〔美〕萨拜因：《政治学说史》（下），商务印书馆 1986 年版，第 633 页。

制权，以民制权，以德制权，从而使权力变成相对的权力，可以监控的权力。依照公共选择学者的“寻租理论”，行政权力对市场的干预和管制是寻租的根源。因此，抑制寻租及反腐败必须从制度或体制创新方面入手，消除腐败和寻租产生的土壤和条件。

4. 完善绩效预算制度，提高政府财政支出效率。绩效预算要求政府每笔支出，必须符合绩、预算、效三要素的要求。绩——指请求财政拨款是为了达到的某一具体目标或计划，即业绩指标。这些目标应当尽量量化或者指标化，以便编制预算并考核效果。预算——亦称业绩预算，指完成业绩所需的拨款额，或公共劳务成本。它包括人员工资和各种费用在内的全部成本。但办公用房通常不计入成本。凡是能够直接量化的，政府都应当计算并公布标准成本。对于那些无法量化的支出，可用以下两种办法来确定成本：第一种，通过政府公开招标方式（政府采购）来定价。第二种，只能由某一部门提供的公共劳务，如公安部门、行政管理部门的经费，这部分成本计算最困难，在美国，政府公布各项“业绩指数”。在日本，其成本通过由财政部规定的“标准财政支出”来确定。标准财政支出是指各地方政府提供“合理水平的行政服务”所需的支出。效——指业绩的考核和业绩与预算（成本）挂钩方式。对效的考核指标设计包括量的指标和质的指标两部分。通常，对于绩效的考核由审计部门或委托社会公证机构来进行，财政部门根据考核结果拨款。

绩效预算对于克服官僚主义，建立一个务实、高效、廉洁的政府，是一种有效的手段。另外，绩效预算能够较好地解决困扰行政管理当局的“过时机构”问题。由于绩效预算实现了预算拨款与绩效（业绩）的配比，这就使那些无绩效，或者绩效与经费不配比的部门暴露出来了。为合理削减财政支出提供了依据，也为政府机构的精简提供了依据。美国联邦政府在不削减政府服务的前提下，1998、1999 财政年度连续实现了财政盈余，1999 年财政年度的财政盈余达 1230 亿美元，结束了长达近 40 年的预算赤字历史，这正是得益于绩效预算。政府实行绩效预算的效果是显而易见的，因此，中国建立新型的政府管理模式，必须在政府部门中推行绩效管理。

第七章　中国政府社会管理能力建设

第一节　中国政府危机管理能力建设

任何社会都不可避免地会遭受各种各样的灾难，从而产生公共危机。危机不仅造成人民生命、财产的巨大损失，对经济和社会的基础设施造成巨大的破坏，也会引起环境的恶化，阻碍社会的可持续发展，甚至可能导致社会和政治的不稳定。对政府而言，面对各种危机，最重要的战略选择应是建立一套比较完善的公共危机管理体系，在此基础上不断增强政府的危机管理能力。

一、政府危机管理：现代政府面临的普遍性难题

政府危机管理，是指政府针对公共危机事件的管理，是解决政府对外交往和对内管理中处于危险和困难境地的问题。即政府在公共危机事件产生、发展过程中，为减少、消除危机的危害，根据危机管理计划和程序而对危机直接采取的对策及管理活动。政府危机管理能力是指政府组织相关力量对可能发生或已经发生的危机事件进行预测、监督、控制和协调处理，以期有效地预防、处理和消除危机、减少损失的能力。从世界范围来看，进入现代社会后，预防或处理社会出现的各种矛盾和危机成为现代政府普遍面对的新挑战。

1. 全球一体化增加了国际危机的变数。人类社会 20 世纪 70 年代从工业时代进入了知识经济时代。这个时代不仅实现了全球经济一体化，而且出现了全球政治一体化和全球文化一体化。全球一体化的发展，增加了国际危机的变数。首先，全球经济一体

化的两重性加剧了危机的发生率。一方面，在国际范围内促进了生产力的发展。经济全球化可以促进世界经济总体发展，可以使一些发展中国家抓住机遇，迅速发展，缩小同发达国家的差距。另一方面，在国际生产关系方面加剧了两极分化。经济全球化由资本主义生产关系所决定，在经济全球化的进程中，发达资本主义国家一直处于支配地位，是最大的受益者。全球化过程中出现了富者越富，穷者越穷的两极分化现象。而两极分化历来是导致动乱的祸源。其次，全球政治文化一体化进一步加剧了危机的发生。经济全球化的过程，也是各种文化相互冲突的过程。这种文化现象往往表现为两种基本的类型：一种是内部冲突，即民族文化内部的传统文化、统治文化与本系统自下而上生长的新文化之间的冲突。另一种是外部冲突，即民族文化与外来文化的冲突。当今世界正处于从多文明时代向全球文明时代的过渡时期，过去的各个世界性文明正在演变为多元一体全球文明中的子文明或亚文明。21 世纪是人类通过经济和政治一体化进程走向全球共同体的最为关键的世纪。一体化和非一体化、反一体化，将是新世纪中的世界主要矛盾。

2. 社会转型期迫使政府实施危机管理。公共危机的发生，除了有国际社会的共同原因外，还有各个国家具体、特殊的原因。从我国来看，正处于社会转型时期，这正是危机事件频频发生的又一重要原因。伴随深刻而剧烈的社会转型，各种社会问题和矛盾也凸显出来，有些呈加剧之势。如处理不好，随时会诱发公共危机。首先，经济快速发展而利益分配不公，容易诱发危机。改革开放 30 多年，我国的经济发展速度比较快，平均增长在 9%以上。经济发展过程实质是一种利益调整的过程。利益调整如果是一种“帕累托改进”，即由一部分人利益的改善引起群体利益的改善，而且任何人的利益都没有受损，此时的社会将是平衡和谐的。然而，经济快速发展通常带来的并不都是“帕累托改进”，更多的时候是一种非均衡的发展。于是，在瞬间有了贫富之分，并由此形成了巨大的心理落差。古语讲“不患寡而患不均”。当经济不发达，生产力低下，但是实行平均主义，大家都贫穷时，人们可能意见不大。一旦人们的收入分配拉开了档次，而其中又掺进了不合理不公正的因素，这类矛盾蓄之既久，便易诱发危机。其次，社会分配不公，群体利益失衡，增加了危机发生的几率。一切危机和冲突在本质上是由于社会资源或利益的分配不公引起的。社会分配不公，群体利益失衡，是促成危机的重要条件。我国各级政府目前面临着这方面的严峻挑战。由于我国政治体制改革不能适应市场经济发展的要求，社会改革不配套，致使社会分配方面存在不公现象。

政府的社会公共管理服务突出表现为“三个失衡”：城乡失衡、地区失衡、贫富失衡。改革开放以来，我国城乡居民的收入总体在明显提高，但是，不同利益阶层间仍存在较大的收入差距，这些都是诱发危机的基础条件。对这种贫富差距只能想办法缩小，不可再扩大。否则，会引起“地震”，影响社会稳定。最后，社会改革不配套，政府转型缓慢，增加了诱发危机的频率。中国的政府转型是从经济建设型转为公共服务型。由于经济建设型政府是市场经济的主体，既做裁判员又当运动员，未找到自己在市场经济中的位置，加之社会改革不配套，使过渡时期的改革增加了许多变数，从而增加了危机爆发的频率。长期以来，中国的经济建设型政府把精力局限在管理经济上，由于对经济问题的关注，社会公共事业发展滞后，政府对社会公共产品提供不足，影响了社会安全网的建构，社会危机事件屡屡发生。在经济转轨和社会转型的关键时期，国内改革已经触及到深层次的社会问题，产生诸多不稳定的因素，增加了公共危机事件萌生的可能性。

二、我国政府危机管理能力的缺陷

目前，我国正处于社会转型时期，随着社会转型的不断深入，社会风险日益增多，各类危机事件频繁发生，对公众的人身财产安全和国家公共安全构成严峻的挑战，同时也给构建和谐社会提出了新的课题。近年来，我国各级政府十分重视公共危机事件的应对工作，明确提出加快建立突发公共事件应急机制，提高政府应对危机的能力，对政府危机管理职能及运行机制进行了一系列调整。但与西方发达国家相比，我国政府危机管理能力还存在较大差距，概括起来主要存在以下几方面的问题和缺陷：

1. 公共危机管理中危机意识缺失。我国目前正处于一个周期相对长的和平时期，大部分地方政府及主要领导将主要精力放在经济建设上，对危机的发生往往抱侥幸心理，认为建立完善的危机管理体系对地方发展作用不大，而且还分散领导精力，普遍对危机管理重视不够，投入不足。一般政府公务员更缺乏危机意识，他们习惯部门常态管理，有的公务员对什么是危机管理、政府在危机管理中应承担什么样的责任等基本问题不了解。这种状况，导致了近年来我国的一些危机事件如矿难、食品安全问题等频频重复发生且危害巨大。同时，他们也不注意指导公众培养危机意识，从而导致整个社会的公民素质教育体系、危机意识和实际应对能力的训练都十分匮乏，更无从谈及紧急状态下的心理防范、法律救助和心理援助。危机意识体现在对潜在风险的评估和对危机预警的管理两个方面，当危机过后，人们生活步入正轨，多数的民众、行政人员，甚至一些担负重任的领导，都会忽略现代社会本身就是风险社会的事实，没有意识到风险不只是“一次性突发事件”，而是现代社会的常态，风险管理还没有纳入到政府和其他社会组织的日常工作体系中去。

2. 缺乏独立常设的危机管理与协调机构。我国现行的政府危机管理体系，主要依赖于各级政府现有的行政设置，缺乏常设的政府危机管理机构或部门。一旦危机爆发，各个部门往往各行其是，各自为政，缺乏一个将政府各个相关部门组织起来共同行动、共同面对危机和解决危机的协调机构；缺乏专业技术人员和应急运行规则，跨部门协调能力不足。每当危机发生后，便临时成立工作小组应付危机。这种临时工作小组存在明显的不足：

（1）不具有连续性，危机处理的经验不能够有效地保留；（2）危机处理需要政府各个部门的合作，临时小组每次都需要大量的时间与相关的部门进行协调；（3）临时小组事前没有一个有效的危机处理计划与危机处理操作方案。

3. 缺乏危机统一立法。我国是宪政国家，从1954年首次规定戒严制度至今，已经颁布了一系列与处理突发事件有关的法律、法规，各地方根据这些法律、法规又颁布了适用于本行政区域的地方立法，从而初步构建了一个从中央到地方的突发事件应急处理法律规范体系。如从《卫生事件应急条例》出台（2003）和《国家突发公共事件总体应急预案》发布（2005）、《突发事件应对法》颁布实施（2007）为标志，我国公共危机管理正式从民间呼声上升为国家意志，步入了一个全新的发展阶段。这为政府对公共危机依法实施有效的危机管理，提供了一定的法律保障。但紧急状态立法仍存在至少三个问题：第一，我国在宪法中没有完整的紧急状态规定，也没有一部完整的紧急状态立法，假若紧急状态产生的原因非常复杂，就会出现无可适用的情况。第二，相关的紧急状态立法没有明确规定政府在紧急状态下权力的行使范围，使某些行政部门过度行使紧急权力成为可能。第三，对公民权利的保障缺乏底线。目前的立法多为行政机关行使权力提供依据，但缺乏在紧急状态下公民合法权利被侵犯如何救济的相关规定。

4. 缺乏完善的信息系统。掌握充分的信息是正确决策的前提和条件。虽然我国政府为支持决策建立的信息机构很多，形成了比较完整的信息系统。但是，从满足政府危机决策的需要来衡量，我国信息系统还存在明显的缺陷。（1）信息机构的管理体制不利于政府危机决策。我国的信息机构采取分级管理制，如统计局、信息中心和信访部门等信息机构属于各级政府。在这种管理体制下，信息部门容易受制于各级政府，从而出现信息失真现象，不利于政府决策。比如下级政府瞒报、虚报有关数据，导致上级政府决策失误。（2）公共危机的信息系统比较分散。我国主管公共危机应对的专业部门，如气象局、地震局、水利部、国土资源部、农业部都各自建有内部的信息网络系统，有些已经开展了部分信息交流。在部分城市和地区也已经建立统一的灾害数据库然后以遥感、遥测数值记录、自动传输为基础，建立空、地、人的立体监测网和综合信息处理系统在公共危机特别是自然灾害引起的突发性公共事件应对中，起到了非常重要的作用。但是，我国幅员辽阔，各省、市、区由于条块分割，使得一般政府官员和社会公众无法了解一个地区、一个城市的危机蔓延的总况，这对于国家制定统一的公共危机管理政策、立法以及相关的管理、经济、建设、教育、军工等各方面的建设和发展来说，都是一个根本性的缺陷。(3) 信息搜集能力薄弱。由于我国信息机构缺乏主动搜集信息的动力机制，往往是根据上级下达的指示和任务搜集相关信息，对于一些潜在的社会问题和决策机关未明确提出要求的信息不能及时搜集。我国的信息搜集方法缺乏科学性，如单纯依靠下级层层填写、汇总统计报表的方法获取信息等等。目前，我国信息机构人员数量明显不足，行政设置中虽然有许多隶属于各级政府的信息机构，但总体规模不大，工作人员及相关专业人员数量明显不足。

5. 缺乏有效的危机管理绩效评估体系。我国现有的激励机制和惩罚机制存在错位问题，常常出现“默默无闻避免危机得不到奖励，轰轰烈烈解决危机成为英雄”的现象，往往直接引起危机者受到惩罚，而在体制上令危机发生者却安然无恙[①]。在我们的绩效考核体制下，各级政府的理性行为却是尽量“捂盖子”，各行其是，无法明晰职责。地方政府对一些突发性危机事件的处理，充分暴露了我国公务员绩效考核体制中存在很多纰漏。如对于领导干部的绩效考评，过多的是依赖于一些单纯的经济指标，忽视了一些综合性社会指标。这使得我们的一些领导干部认为，

① 陶学荣、朱旺力:《当代中国政府危机管理的困境与构建》,《江西社会科学》2008 年第 1 期。

只要本地方的经济管理得好就万事大吉了。在危机面前，地方各级领导首先想到的是如何隐瞒事实，保全自己，而不是如何在最快的时间内解决危机，挽回损失。

6. 决策者综合素质不高。在危机状况下，决策者综合素质不高主要表现为：(1) 责任心不强。在危机发生后，政府决策者并没有重视问题的严重性，没有把危机的处理和自身职责紧密联系起来，而是到危机发展至相当严重的程度时，才忙于应付。(2) 心理素质差。许多政府决策者在面临危机时表现出胆怯、退缩、优柔寡断等不良心理，不能当机立断，延误了时机。(3) 知识贫乏。许多政府决策者和公务员平时只是忙于行政事务，没有注重扩展知识面，因而在危机发生时就难以做到对危机事件进行准确的分析和判断，从而做出从容的决策。

三、我国政府危机管理能力的提升对策

所有的危机都意味着转折，对于一个成熟政府来说，把危机看作机会，是应该具备的一种基本素质，尤其是政府原有一些机制已倍显陋弊、需要痛下决心予以革新的情况下更应如此。面对当下和未来中国发展中的高风险性，变革政府的工作模式，建立危机控制与管理机制，提高危机掌控与处理能力，刻不容缓。

1. 强化政府危机管理意识。

危机管理意识是危机管理的起点，有效的危机管理需要树立全社会的危机管理意识。危机管理首先必须进行思想观念的更新，破除天下太平的观念，时刻强化政府日常运作中的危机意识，培养行政机关工作人员乃至公民的危机意识，这是危机管理战略工作的一个非常重要的组成部分。

(1) 树立非传统意义上的危机意识。冷战结束后，美国及西方国家已将跨国犯罪、大规模杀伤性武器扩散、环境破坏、疾病传播等所谓“非传统威胁”视为国家安全的重大内容，并将国家资源的相当部分用于防止这类安全问题。“9·11”事件发生后，

美国政府更是将应对非传统威胁当作头等大事来抓。中国长期以来将国家安全的关注点主要放在防止大规模外敌入侵、保护领土和主权完整、应对大国挑战等传统威胁上，对直接影响民众正常生活的所谓“非传统安全”体悟不深，用力不足。在信息时代和全球化的背景下，政府在防止传统威胁的同时，应从战略上重视非传统威胁，因为后者对国家安全的冲击力丝毫不亚于前者，政府必须树立非传统意义上的危机意识，从国家安全的高度来进行危机管理，建立反危机体系。

（2）视危机为社会常态。美国圣塔菲研究所（Santa Fe Insititute）是一个专门研究混沌与复杂性现象的学术机构，他们给“复杂”下的定义是：“多项自变量同时对应一个应变量发生作用；与此同时，多项自变量本身还相互作用，由此造成复杂性现象”。[①] 对于现代社会系统而言，由于资源的有限性，科学技术发展的相对缓慢，竞争的无处不在及日益白热化（竞争存在于人与人之间、企业与企业之间、政府与政府之间、国家与国家之间、民族与民族之间），以及各种主体之间联系的日益紧密等因素的多项、共时、互动，造成越来越复杂的管理状态。当系统管理者无法和谐地整合这些因素，无法预测共时互动的每一个结局，无法保持系统各部分的衔接每次都准确无误时，系统内的误差与事故便逐渐积累并导致正常状态的突然改变，从而发生危机。由此我们可以说，危机是复杂的现代社会系统运转过程中的必然的伴生现象，是复杂的现代社会系统的常态。

（3）重视领导干部和公务员危机管理知识与能力的培训。危机管理知识在西方发达国家是公务员培训的必修课程，主要是针对本国经常发生、曾经发生、可能发生的危机形式，如社会矛盾、自然灾害、民族冲突等所采取的紧急应对措施方面的知识。在我国无论是高校还是公务员培训都鲜有关于危机事件应对和管

① 鲍勇剑、陈百助：《危机管理：当最坏的情况发生时》，复旦大学出版社2003年版，第10页。

理方面的课程内容。因此，为提高中国公务员危机事件的应急能力，需要补上这一课，这一点可以结合目前正在大力推动的公共管理硕士职业教育，也可以利用党校、行政学院等培训基地，将危机管理知识作为领导干部和公务员培训的必须课程，培养他们的危机意识，掌握危机应对措施和危机处理手段，在心理上和物质上做好危机管理准备。

2. 构筑政府危机管理的法律体系。

政府在紧急状态下的应变能力与行政管理的权威性、主动性，以及对社会整体资源的统一调配能力，不只是政府自发性的反映，同时也应是法律规范与授权的结果。从世界范围来看，为有效应对各种危机事件，世界各国首先开展的工作就是制定相关的法律，授予政府在处理危机事件中的职权，统一规定其职责，确定依法处理紧急状态和危机情境的法治原则。

（1）制定全局性危机管理法律。尽管我国已经制定了一些针对性的危机管理法律，但全局性的法律是非常必要的。因此，在我国，很有必要制定一部全局性的危机管理法律，总结各危机的规律，为政府决策能力的提升提供制度基础。如制定《紧急状态法》，从立法的高度规定重大危机下领导权力体系、危机管理的基本原则、重大危机信息通告与发布制度、应急预案及启动标准、复合型危机发生之后的危机应对等等，以保证在发生突发事件时，政府可以根据法律规定的基本制度和一般原则迅速应对，进而提高危机的快速决策能力。所以，全局性的危机法律是把危机管理真正纳入法治化的轨道、从战略的角度提高政府的危机决策能力的前提。在制定新的有关危机管理的法律的同时，政府也要积极、及时地审视现有的危机管理政策、法律、法规，对其效力和适用性进行评估，对于已经不适合实际局势的危机管理政策、法律、法规应当定期、及时地进行修正、更新和改进，使其符合实际需要。

（2）制定和完善应对各种危机或紧急突发事件的专门法律法规，形成较完善的危机管理法律法规体系。通过法律规定有法定权力的指挥、协调机构和执法机构，并对不同机构的组织职能、运作方式、管理权威进行定期的法律适用性的评价，以保证管理活动的有效性，使整个危机管理工作都处于法律的框架中，依法指挥、协调运作和管理。当前应当尽快完善各层次，各领域的紧急状态法律规范，对现有的一些单行法律规定的紧急状态法律规范加以清理，统一和协调各层次、各领域的紧急状态法律规范，消除彼此之间的冲突；此外还要逐步完善与政府危机管理密切相关的法律制度，包括行政程序法制、行政强制法制、政府信息公开法制、行政征用（征收）法制、行政指导法制、纠纷解决法制、国家赔偿（补偿）法制等。

(3) 增强现有紧急状态法律规范的可操作性。要根据危机发展的周期对危机应急措施进行规范调整。法规应明确规定危机的等级划分、危机治理的原则、应急预案的编制和管理、应对危机的政府职责等。危机管理的法治化不仅可以确保在处理危机的关键时刻采取最佳应对策略，提高危机管理的能力和水平，而且能够使公众依照相关的法律规则和程序对政府的危机管理行为实施监督，以保证在危机处置期间对公民权利进行有效的保护。

3. 创新公共危机管理组织结构。

中国没有一个独立和常设的危机管理协调机制，更没有专门的团队组织来管理危机。每次灾害发生后，根据灾害程度，各省政府办公厅临时成立一个工作小组，应付省内的危机。当遇到单个省市无法处理的事件时，中央政府会成立一个临时工作小组，协调各个省市的救灾与危机处理工作。这种临时成立的领导小组不具有延续性，缺乏成熟的危机处理操作方案，协调性很差。因此，传统的官僚体制由于自身的机械性结构的缺陷，其组织结构与组织体系的过于僵化的部分无法适应危机的快速应对，必须进行制度变革和体制创新。

(1) 建立专门的有权、有力、有效的中枢决策机构。建立有效的危机管理系统的首要任务是要依法组建一个具有足够权力，能够有效动员、指挥、调度资源应对危机的中枢指挥子系统，这个子系统是整个危机管理系统的灵魂。为此，应该在国家层次上建立全国危机管理委员会作为危机管理的中枢决策机构，协同各方面专家，对各类危机进行划分总结，在国家安全的高度上制定长期的反危机战略和应急计划。同时，由于危机管理是极其富有智慧的一门艺术，并且国家的危机管理涉及到整个国民的问题，在处理危机时必须极其谨慎，稍有闪失，矛盾就会激化，小危机就会转化为大危机，因此，对于决策中枢系统而言，除了要有一套完善的组织机构和相应的法规制度以外，还要求决策中枢系统的成员，尤其是领导人应具备高超的危机处理艺术，具备很强的反应、决策、协调、指挥、控制能力，富有智慧，在危机降临的时刻表现得理智而又成熟，将危机及时有效地化解，而不是利用民众的心理或社会舆论进一步制造新的社会矛盾或社会冲突，激化危机或转化危机。

（2）建立常设性的危机管理综合协调部门。尽快建立常设性的危机管理综合协调部门，以立法的形式授予该部门对其他政府机构进行协调和调度的权力。危机快速应对要求政府建立一个高效的综合协调部门，这个机构应该直属于中央政府的最高行政首脑，有权命令各个政府职能部门，统一协调与各部委和各省相应组织的关系，并对外联络沟通，加强各级政府、各部门，以及各地区之间的协同能力：在地方各级政府层面上设立相关部门，根据各地不同的实际情况因地制宜地设置具体的组织形式。

4. 建立有效的危机信息管理系统。

公共危机管理是一项系统工程，它必须依托统一的信息系统，在获得对公共危机事件总体认识的基础上，制定应急管理的对策。我国应尽快建立健全危机沟通机制，规范内部（政府部门之间）的危机沟通制度和外部（政府针对媒体、社会、受害者等）的危机沟通制度，以期达到及时有效、透明通畅的沟通效果。

（1）加强与媒体的沟通，充分发挥媒体的积极引导作用。在重大公共危机发生时，掌握媒体、加强与媒体主动协调和沟通是非常关键的环节，政府必须充分发挥媒体的积极作用。特别是在面对社会突发性公共危机事件的发生、处理和应对时，由于媒体报道内容的特殊性和信息传播带来的巨大社会扩散效果，更需要作为危机管理者的政府主动与媒体做深入的沟通、协调和合作构建两者之间完善良性的危机信息交流与沟通渠道。政府要充分发挥媒体的积极作用，不能仅仅停留在原则上，必须创造媒体公正介入的秩序，制定具体的、可操作性强的法律规定。作为执政党和各级政府管理部门，也要明智、客观地对待灾难新闻，形成一个良好的报道环境，使新闻真正成为公众了解相关信息的窗口。

（2）完善危机信息管理的联动机制。通过建立统一的技术规范、数据标准、数据交换格式，制定相应的制度和管理办法，实现政府间、政府各部门之间的信息共享。收集和编制重大灾害风险信息数据，建立资料库、案例库、数据库和专家网络，为应急管理提供强有力的信息支持保障，并作为政府应急指挥机构的通讯平台、联络枢纽和参谋助手，实现整个社会资源的协同运作。

（3）完善行政层级危机信息汇报制度。完善行政层级信息汇报制度，必须明确危机信息的界定和分类、各层级汇报各类危机信息的时间期限、特大危机的特殊汇报方式、向国务院直接汇报的要求说明以及责任追究细则，等等。在完善传统行政层级危机信息汇报制度的同时，还要建立网络直报系统。在中国的行政层级节制体制下，下级往往有报喜不报忧的问题，如果单靠行政层级的汇报，难免就会出现信息滞后、缺失，甚至失真等问题。目前，中国卫生部已经建立了统一的国家公共卫生信息系统、重大疾病监测报告信息系统，实现了国家和省、市、地、县层级的疾病预防控制机构以及各级各类医疗卫生机构的联网。

5. 建立健全处理危机性事件的应对机制。多数危机是无法准确预测的，当危机出现时，往往必须快速做出决策并进行积极应对。

（1）危机发生前的监测预警机制。政府管理的目的是“使用少量钱预防，而不是花大量钱治疗”，政府危机管理的预警机制体现和实现了这个目的。一是对导致危机的因素和危机征兆进行持续监测，要有效整合现有的各种监测体系，建立危机监测基础数据平台。二是设计危机预警分析指标，建立数字化模型，增强危机应变能力。三是研究制订应对各种危机事件的防范预案，预案要根据突发事件的变化和实施中出现的问题及时进行修订、完善。四是建立快捷、通畅、及时、准确的信息网络，确保信息及时公开、透明、翔实，各级政府及相关部门要定期召开信息发布会通报危机预防工作的相关信息。

（2）危机发生后的应对处理机制。一是要建立快捷、高效、权威的危机处理组织，在危机发生时，以最快的速度建立危机控制中心，调配危机处理专家及经过专门训练的危机处理人员，配备必要的危机处理设备，全面实施危机控制和管理计划，以保证统一指挥、果断决策和迅速采取行动。二是按照在紧急状态下进行危机处理的计划，紧急启动危机处理系统，并能随机应变，在事前计划与随机情况结合的基础上，及时制订出危机处理计划。三是紧急危机救治机制，对于非常规的危机来说，绝大多数危机是无法准确预测的，建立危机救治机制是政府危机管理中十分重要的内容，政府必须要运用所有政府资源开展危机救治，尽力恢复社会稳定。

（3）参与全球性危机管理的合作机制。现代危机的超国家属性，决定了解决危机需要各国政府和人民共同努力。在经济全球化时代，危机的原因和结果往往是世界性的，区域性危机很可能会演变为地区危机和全球危机。寻求危机管理领域的国际合作是政府危机管理中必不可少的重要环节。加强危机的全球合作和交流，既可以提高危机救治效率，有效消除危机；也有助于树立政府负责任的国际形象，促进和谐世界的构建。在加强全球危机管理合作机制时，必须以一个有威望的国际组织为核心。目前，应充分发挥联合国在危机管理的决策和救治方面的重要作用，逐步在联合国框架内实现全球的危机管理协作。同时，应加强各国在危机管理研究和实践经验方面的国际交流与合作，通过合作互助，实现资源共享。尤其要加强各国在全球性公共危机，如金融犯罪、恐怖主义等方面的安全合作，以遏制危机，最大限度地降低全球危机引发的负面效应和经济损失。

6. 构筑公共危机的网络治理模式。[1]

网络治理是目前在西方流行的一种公共管理理论。网络治理强调公共管理主体的多元化，强调各主体之间的互助合作，强调“多中心”治理。网络治理模式下，政府不再是唯一的公共管理主体，政府与公民社会和众多非政府组织一道处理社会公共问题。目前，中国正处于公共危机的高发期，仅仅依靠政府部门的力量是很难做到危机应对的高效、快捷、灵活的。因此我们在公共危机管理中应当最大可能地吸纳多种社会力量，调动各种社会资源共同应对危机，形成社会整体的危机治理网络。

（1）确立政府在危机管理中的领导地位。中国长期形成的“强政府、弱社会”的体制格局难以迅速改变，中国还没有形成发达的公民社会，社会中介组织虽然在改革开放以来得到迅速发展，但不成熟、不规范，因此在公共危机治理中仍然要维持和发挥政府的权威主导作用。

（2）培育和发展社会民间组织，形成以政府为主导的，有协会、商会、公民的志愿性社团、社区组织、利益团体、非政府组织等多元主体参加的治理模式，治理主体由过去单一的政府变为由政府、社会组织各方有序参与的合作集体。

（3）治理的手段由过去单纯强调行政手段变为重视行政、法律手段和社会公民自觉自愿的合作相互补充。政府应放权于社会组织，使社会“私域”的事情由群众性组织按照自身发展起来的契约法则来办，促进和增加社会的生机和活力。

① 齐明山、李彦娅：《社会转型时期政府危机管理能力的缺失及其提升路径分析》，《天津行政学院学报》2008 年第 11 期。

第二节　中国政府利益协调能力建设

一、社会转型过程中我国利益关系的新变化

随着社会主义市场经济建立发展过程中社会转型的加速，我国社会各阶层的利益关系发生了重大变化。这些变化是市场经济体制的内在要求，反映了社会发展的历史必然性。但我们必须注意到：利益原则本身是一柄双刃剑，一方面，它所提供的利益激励机制，极大地调动了广大人民群众的积极性和创造性，对我国的经济社会发展起到了巨大的推动作用；另一方面，它又衍生出了利益分配不公、利益差距过大等等问题，对我国的经济发展和社会进步带来一定的影响。

1. 利益主体多元化。改革开放前，我国是一个大一统的一元化社会，社会利益主体单一，除了城乡、工农之间存在一定的利益差别外，其他社会主体之间的利益分配呈现平均主义状态，价值判断也呈一元化状态。随着市场经济的推进，利益关系从统合走向分解，利益平均化的态势被逐步打破，利益主体呈现出多元化趋势。主要包括两种情况：原有的利益主体不断分化，如工人阶级内部可以分为：知识分子群体、机关干部群体、企业经营者群体、普通职工群体、特殊困难群体以及外来劳动者群体等，而农民阶级内部，由于非农化进程的加快，传统意义上的农民逐渐减少，大量农村剩余劳动力正在逐渐融入其他利益群体之中；新的利益主体产生，出现了诸如“民营科技企业的创业人员和技术人员、受聘于外资企业的管理技术人员、个体户、私营企业主、中介组织的从业人员、自由职业者”等等。由于不同利益主体的群体意识和群体归属感不一样，影响了价值观的内容、结构及取向的变化，导致价值观念出现冲突和裂变。义与利、公与私、权利与义务、奉献与索取等道德关系在不同的利益主体之间有不同价值取向的“经济人”越来越多，相当数量的人把追求现

实的经济利益作为首选目标，有些人甚至把私利最大化当成主导观念，个人主义凸显，集体主义淡化。

2. 利益来源多样化。在计划经济体制下，所有制单一，政府代表国家成为占有、支配社会资源的唯一主体，实际上掌握着社会利益资源的支配权。人们工作和生活所需要的资源都来源于政府的分配。改革开放之后，在市场经济条件下，要求社会利益的分配由市场来调节，经济利益来源日益多元化，以城镇职工为例，就有工资性收入、财产性收入、身份收入及“灰色收入”等等。由于利益来源的多样化，再加上社会资源的稀缺性，各利益主体在追求利益的过程中必然产生利益竞争、利益摩擦和利益冲突，从而导致社会利益关系的不协调日益明显。如城乡之间、干群之间、劳资之间、不同行业之间的矛盾非常突出。

3. 利益差距扩大化。改革开放以来，人们的普遍的物质利益需求得到了较大满足，基本上摆脱了绝对贫困，但相对贫困却在加重，社会公平与效率的矛盾凸显。据统计，目前我国亿万富翁已超过 1000 人，百万富翁已超过 300 万人。另一方面，占总人口 10%以上的贫困人口的收入，只占总收入的不到 5%。我国的基尼系数 80 年代初期为 0.288，2000 年以来超过 0.45，突破国际公认的警戒线，这种不断扩大化的趋势仍然没有得到有效遏制。由于社会转型的非规范性，这些社会财富的积累过程明显带有不公平甚至不道德的因素，引起社会心理的普遍失衡。广大农民、下岗工人、低收入阶层等弱势群体，产生了强烈的被剥夺感，不满情绪弥散。

4. 利益矛盾复杂化。随着改革的不断深化，多种利益主体并存，社会利益关系的不同步性和不均衡性日益明显，人民内部利益矛盾日益复杂化。具体表现在两方面：不同社会利益主体之间的矛盾往往交织在一起，相互渗透，形成了十分庞杂的矛盾网络，牵一发而动全身；人民内部利益矛盾对抗性增强。新形势下的人民内部矛盾越来越多地集中在一些与人民群众的直接利益相关联的最为敏感的问题上，再加上一些干部为政不廉、执法不公、方法不当等，往往容易形成心理冲动和对立情绪，使非对抗性的人民内部矛盾在局部转化为对抗性矛盾。近年来，群体性事件大幅上升，集体上访，聚众阻塞铁路、公路交通，冲击党政机关等事件逐年递增。当然，人民内部矛盾的对抗性有所增强，并没有改变人民内部矛盾的非对抗性质。人民内部矛盾还是人民群众在根本利益一致基础上的矛盾，只是在现实情况下，如果处理不当，非对抗性矛盾在一定条件下也可能产生一些对抗性因素，使对抗性和非对抗性相互交叉、纠缠在一起，从而造成矛盾不断激化，社会不稳定因素增加。

和谐社会是各个群体利益关系相协调的社会。完善的利益表达机制是协调好社会利益关系的重要前提。我国现阶段的社会利益表达机制，在协调社会利益关系上发挥着重要的作用。但是，目前由于社会利益表达机制的缺欠，不仅影响着不同群体的利益表达，而且影响了政府权威性、合法性的地位，削弱了政府的执政能力。因此，进一步完善利益表达机制，增强政府协调社会各阶层之间利益关系的能力，有利于在完善利益表达机制的基础上协调好社会各群体的利益关系。

二、我国政府利益协调能力不足导致利益表达机制缺失

在建国以来相当长的一段时期内，我国在经济上是以公有制为社会唯一利益源泉的局面，国家运用行政权力禁止其他利益源泉的存在，形成了具有高度整体性的利益结构。其基本特征是：个体利益、团体利益都必须服从于整体利益，在国家调控下，个体利益平均化。人们之间的利益表达受到严格限制，虽然在人们的基本利益受到威胁时会出现一定的利益表达，但总是被当做个人主义、地方主义、团体主义予以批判，甚至成为阶级斗争、资本主义复辟的新动向受到打击。改革开放以来，随着所有制结构的多元化，在经济力量和政治力量的双重推动下，我国社会进入了阶层分化期。据调查，我国现代化的社会阶层结构的雏形已经

形成，社会结构中的中下层在逐步缩小，社会中间层已经出现，并且正在不断壮大，掌握或运作经济资源的阶层正在兴起和壮大，各阶层在分化中增强了自我意识。在现阶段以及在今后相当长的一段时间内，人们的利益不断增加，利益差别、利益界限日渐明显，利益观念开始觉醒，变勿谈利益为理直气壮地追求利益，利益格局进一步多元化，加上受发达国家“期望增长革命”和“示范效应”的影响，广大人民群众表达利益和追求利益的欲望将不断增强。

在人民群众利益表达愿望不断增强的形势下，我国的人民利益表达制度开始初步建设起来，主要包括：(1) 政党利益表达制度，包括中国共产党和各民主党派的利益表达制度；(2) 信访制度；(3) 人民代表利益表达制度；(4) 政治协商制度；(5) 社会团体利益表达制度；(6) 大众传媒利益表达制度；(7) 社会协商对话制度；(8) 行政领导接待制度，如市长接待日、书记信箱等。不过，由于政府主导的利益表达制度缺陷，政府的利益协调能力严重滞后于社会各阶层利益表达需求。主要表现在：

1. 人民利益表达渠道单一、不畅。尽管我国已经初步建立了人民利益表达制度体系，但利益表达渠道单一，基本上仍然是单通道的利益表达制度。这在客观上决定了其他利益表达渠道功能有限，人民群众难以有效地通过这些制度表达自己的利益。这种单通道的利益表达渠道通道拥挤，负荷能力不强，人民群众不少重要的利益表达无法进行，不少合理的意见、要求和建议得不到及时有效的反映，屡见不鲜、延绵不绝的越级上访现象就是利益表达渠道不畅的突出表现。

2. 利益表达主体的权益保障不够。我国现有的人民利益表达制度大多是一种政策性规定，对利益表达客体的行为没有严格的法律规范和约束，利益表达客体不能很好地履行职责，人民群众在进行利益表达时无法可依。一些部门领导甚至错误地认为，其下属表达利益要求就是犯上作乱，损害领导和部门形象，是告黑状，动辄对利益表达者施加压力，甚至打击报复，严重侵犯利益表达者的正当权益，妨碍了利益表达的顺利进行，同时也破坏了党和政府的形象。

3. 利益表达制度可操作性不强。现行的利益表达制度化程度不高，缺乏刚性，弹性较大。不少制度规范大多是一种原则性的规定，某些文字表达不严谨、不确定，制度内容空洞、抽象，对利益表达主体缺乏明确、具体的指导和规范，对利益表达程序缺乏细致的规定，过于粗糙，人民群众往往不知道该如何进行利益表达。在不少情况下，利益主体只有通过非正式的渠道才能有效表达自己的利益，如依靠同学、校友、朋友等私人关系来表达自己的利益，甚至不得不依赖非制度化的渠道来表达合理的利益。这样又强化了我国这样一个根深蒂固、十分浓厚的人情关系文化，两者形成了恶性循环，导致腐败不断出现。

4. 利益表达的非均衡性。低水平的利益表达制度不但缺乏对利益表达主体行为的规范和约束，而且无法对利益表达内容进行科学归类和吸纳，更无法对不合理的内容予以摒弃，加上我国经济政治文化发展的不平衡，致使我国人民的利益表达呈现不平衡状态。利益表达比例城市高于农村，文化层次高的高于文化层次低的，较多接触政治的人高于较少接触政治的人，团体利益表达高于个体利益表达，个体利益表达的主观动机和客观条件都尚不充分。共产党、民主党派、工会、共青团、妇联等制度性的利益表达团体强于消费者协会等结构性的利益表达主体。

特别突出的是，当前困难群体利益表达乏力和私营企业主阶层利益表达违规的现象十分严重，必须引起高度关注。困难群体包括失业工人、部分农民等。困难群体的利益表达呈现以下特点：首先，利益表达意识不强。困难群体中的大多数对自己的利益存在及利益受到侵害有一定的认识，客观上特别有必要进行利益表达，但他们或出于害怕受到打击报复，或不愿意出头露面而很少表达。特别是“坚持连续不断的利益表达，其耗费是很大的，勉强能维持生计的集团和个人可能无力承担”[①]。就像一个普通农民持续不断的上访会导致倾家荡产一样。大多数人只会私下表达不满。其次，利益表达高度分散化和个体化。由于困难群体缺乏资源，工作分散，文化水平不高，他们大多只能以个人的形式自发进行利益表达；即使有些集体行为，所反映的也往往是一些很具体的局部性问题，利益表达的内容不全面、不深刻。第三，利益表达不够制度化。由于现实的利益表达制度和困难群体认识上的局限，加上资源有限，它们不可能拥有多种方式进行利益表达。“正规的利益表达渠道很可能是由富人掌握的，而穷人要么是保持沉默，要么是时而采取暴力的或激进的手段来使人们听到他们的呼声。”[②] 在我国表现为写小字报，武力攻击干部和执法人员，甚至冲击国家机关和政府部门。这些行为不仅破坏了法制，影响社会稳定，而且使其利益表达的努力误入歧途，影响了利益表达的有效性。

在过去 30 多年里，私营企业主阶层从无到有，从“地下”到“地上”，在社会结构中所占的比例稳步上升。当代的私营企业主与工人、农民一样，也是中国特色社会主义事业的建设者，其合法的劳动收入和合法的非劳动收入都应该得到保护。由于私营企业主是一个新生的迅速成长的阶层，传统的政治体制没有对其利益表达及实现进行充分、有序的制度安排，该阶层的利益尚未在政治上得到完全认可，保护私人财产的法律制度尚不够完善，他们在政治上表达自身利益诉求的通道还很有限。陈旧的意识使不少人对其拥有一定的偏见，加上少数人不当致富，损害了该阶层的形象。与其他阶层相比，上述因素致使私营企业主的利益得不到较好的表达和维护。在缺乏正常渠道的情况下，不少私

① 〔美〕加布里埃尔·阿尔蒙德：《比较政治学：体系、过程和政策》，上海译文出版社 1987 年版，第 229 页。

② 〔美〕加布里埃尔·阿尔蒙德：《比较政治学：体系、过程和政策》，上海译文出版社 1987 年版，第 230 页。

营企业主通过拉拢、腐蚀国家工作人员以表达、谋取自身利益，花钱买道，这就是领导干部“傍大款”现象产生的重要原因。他们影响党和政府的经济决策和人事安排，甚至利用雄厚的金钱优势结交高层干部，以上压下。随着经济实力的增强、队伍的扩大和利益的增加，私营企业主将越来越强烈地要求进行政治参与，拓宽其利益表达渠道势在必然。

三、创新利益表达机制，提升政府构建和谐社会的利益协调能力

现有利益表达制度的缺失，往往会使广大人民的利益得不到充分、全面的表达，从而也就无法维护和实现他们的利益，引发他们的不满。这就会导致现行的社会主义政治系统的运行缺乏有力支持，增大运行成本，甚至会出现政治动荡。在民众的利益表达日益强烈而难以表达的矛盾形势下，及时采取对策，疏通民意、倾听民声，充分有效地维护并实现各阶层的利益，消除个别群体垄断利益的倾向，是构建社会主义和谐社会的重要组成部分，也是提升政府利益协调能力的机制保障。

1. 拓宽并建立通畅的人民利益表达渠道。面对人民利益表达渠道狭窄，且不够畅通的问题，应建立多渠道的人民利益表达网络，提高各个利益表达渠道的相对自主性和独立性，使党的系统以外的其他利益表达渠道并不完全依附于党的利益表达渠道，任何利益表达客体能够在党的路线、方针和政策的指导下，接受社会各个阶层、团体和公民的利益表达，并通过自己的途径和方式影响政治决策。同时要对这些通道予以明确的法律规范，赋予其应有的法律地位，以保证其畅通无阻。特别是随着信息化时代的到来，可以开辟网络利益表达渠道。

要扶持困难群体进行利益表达。由于缺乏资源，困难群体利益表达乏力，机会较少，渠道有限，必须对他们的利益表达予以特别的关注。除了党和国家加强教育、引导和组织，提高他们的

文化水平、政治素质和组织程度，增强其利益表达意识外，政府要对困难群体予以扶助，建立健全法律援助制度和经济援助制度，对困难群体及其个人的利益表达提供支持，以降低其利益表达成本，增强其利益表达的动力。积极建立和健全困难群体的社会团体，包括农会、工会等，既能使困难群体内部展开自我援助，又能强有力地增强其利益表达的分量，团体的利益表达更能使其引起决策部门的关注，从而充分考虑其利益要求。

与此同时，拓宽、规范私营企业主阶层利益表达的渠道。首先，积极支持私营企业主建立行业协会和联谊会，各种民间组织要发挥利益表达及维护的功能，向党委和政府反映意见和要求，保护私营企业主的合法经营和合法的私有财产。当然，党政部门也要规范这种民间组织的活动，防止其利用雄厚的资源操纵党政部门的决策。其次，为了最广泛地动员和组织人民群众依法管理国家和社会事务，管理经济和文化事业，维护和实现人民群众的根本利益，应根据私营企业主的思想政治状况、现实表现、财产来源及支配使用状况，以及对中国特色社会主义建设事业所作的贡献，清除一切限制性措施，吸收其优秀分子入党，并大力推举私营企业主进入政府、人大、政协、工商联以及青联、妇联等群众团体，使他们通过这些政治组织和社会团体充分进行利益表达。第三，可建立私营企业主与党政部门的协商对话制度，双方定期进行交流、沟通，党政部门认真听取其意见和要求，及时予以答复，并对私营企业主的经营活动提出建议和要求。

2. 建构法治化的利益表达制度体系。法治的基本功能在于它克服了人治的随意性、片面性和局限性，把统治阶级的意志上升为稳定的国家意志，并以国家强制力保证实施。现行的利益表达制度之所以难以发挥应有的功能，成效有限，重要的原因之一在于这个制度权威性不够，人们没有认真、严格地予以执行。因此要设计、制定关于利益表达的一系列法律制度，同时把现有的条例、规定、政策上升为法律，在法律上对利益表达主体的权利义务关系予以明确的规定。对利益表达的规定、秩序予以细化，对利益表达客体作出更多更高的要求，对任何阻碍利益表达的行为予以严厉的惩处。特别是在当前随着我国公民政治参与意识的增强，逐渐从“狭隘观念者”、“顺从者”向“参与者”的转变，民众的政治参与热情包括利益要求有一段时期可能会变得极其强烈，甚至会提出部分现行的政治体系目前难以满足的利益要求，并且往往采取非制度化的方式予以表达。因此必须在建立利益表达法律制度时，把各利益主体的利益表达行为纳入法治化的轨道，既使其利益能够得到充分的表达，又使其行为受到严格的规范，不法行为得到禁止。避免那种表达的利益要求合理但表达的方式违法的现象产生，也避免表达方式合法而表达的利益要求不合理的现象大量出现。

3. 着力培育利益表达团体。利益表达的主体有个体和群体之分，虽然个体在进行利益表达时扮演了不可或缺的角色，但群体能发挥更大的作用。群体人数多，势力大，利益表达更为专业、有力。促进各类利益群体的发展，使它们充分发挥表达维护个体利益的功能，特别重要的是促进社会团体的发展。长期以来，我国受斯大林的社会团体的作用同党的领导对立起来的观点的影响，认为社会团体的“作用愈大，它们对党的反抗就愈猛烈”，漠视不同集团、不同团体的利益存在，更不允许其独立地表达、追求自身的利益，社会团体只是作为贯彻执行党和政府方针政策的工具而存在。因此，要大力培育各类社会团体，建立社会团体的支持性机构和监督性机构，赋予其利益表达和维护者的权利和义务。在共产党与社会团体的关系上，逐步减少党和政府对社团的严密的行政控制，而对其实行思想、路线和方针政策的领导，充分听取各社会团体的利益要求。

4. 规范国家社会管理阶层的利益表达。国家社会管理阶层是指在党政、事业和社会团体机关单位中行使实际的行政管理职权的领导干部。近年来，随着该阶层利益意识的觉醒，政策的放宽，特别是国家一度允许党政事业机关自行创收，加上体制的缺陷，该阶层在表达、实现自身利益上的行业不正之风和腐败日渐蔓延。由于“机构性利益集团，无论作为整个机构性结构，或是作为次级集团（例如，作为军事机构或作为其中专门的派别），因为它们的组织基础为其提供了许多资源和接近权力的机会，都很可能是强有力的”①。他们利用其既是利益表达者又是决策者的特殊身份谋求自身利益。为此必须对国家社会管理阶层的利益表达进行严格的规范。首先对其利益表达的手段、场合予以限制，不允许他们利用职务、权力进行利益表达，设定特定的渠道、方式让该阶层进行利益表达。其次，尽可能改变该阶层既是利益表达者又是利益综合者的现象，即执法者立法的现象，对于涉及该社会阶层的重大利益问题，利益综合者及决策者应改为人民代表大会。如对于公务员的工资升降这一敏感问题，应该由人民代表大会制订一套制度，确立科学的机制，使公务员的薪酬与整个社会的收入水平、经济形势等挂钩。再次，对各级各类国家社会管理人员的利益表达行为予以严格的监督，对其违反规定、动用公共权力和组织资源进行利益表达的行为予以严厉的惩处。

当然，仅仅建立健全人民的利益表达制度还不足以维护和实现最广大人民群众的利益，从利益实现的全过程看，与此相配套的还需要建立人民群众的政治参与制度、人民群众利益实现制度、人民群众监督制度等。从根本上看，只有顺应社会分层的趋势，改革现行的高度集权的政治体制，赋予新兴的社会团体、利益群体和个人充分的权力，培育相对独立的公民社会，形成国家、政府与公民社会互相分立、互相制衡的状态，使工人阶级执政党、政府与社会团体、利益群体、公民处于平等沟通的地位，才能从根本上改变党和政府中的一些干部漠视人民利益表达、脱离人民的问题，人民利益表达制度才能真正发挥其功能。②

---

① 〔美〕加布里埃尔·阿尔蒙德：《比较政治学：体系、过程和政策》，上海译文出版社1987年版，第229页。

② 徐道稳：《社会政策过程中的利益表达》，《学术论坛》2006年第7期。

第八章　中国政府绩效管理能力建设

第一节　政府绩效管理及能力

在公共行政管理发展的过程中，尽管不同时期指导公共管理的思想或范式有所不同，但始终如一的一个基本目标并没有发生变化，即提高公共管理的绩效。“公共管理更是举起绩效这个大旗，使绩效成为管理价值量表中的第一定律”①。

一、政府绩效管理的产生：突破传统官僚制度的效率困境

在政府公共管理史上，管理效率从来是政府管理的重要内容之一。早在19世纪末美国学者威尔逊在开辟行政学研究领域时就宣称：行政学的目标和任务之一，就是要弄清政府怎样才能够以尽可能高的效率和尽可能少的金钱或人力上的消耗来完成这些专门的任务。

尽管理性的官僚制在理论上看似是完美无缺的，但正如马克斯·韦伯自己所说，“官僚制组织的完善，必然使人们进入‘铁的牢笼’，那里彻底实现了行政的官僚化，那里所确立的权力关系的类型实际上是不可损毁的”。随着时代的发展，整个社会的政治、经济和社会结构都发生了变化，工业时代逐渐成为过去，代之的是后工业时代或者说知识经济时代，人们对公共服务的要求越来越高，官僚制的弊端日趋暴露，这种弊端深深地根植于官

① 张成福、党秀云：《公共管理学》，中国人民大学出版社2001年版，第270页。

僚制自身之中。官僚制已不是解决问题的办法，官僚制本身就成为了一个问题。

1. 传统官僚制的机制僵化问题。

由于传统官僚制度是在工业发展过程中的某个特定时间段发展起来的，它的制度和技术适用于更早的时期。如果政府工作人员被看做机器人，只需对简单的刺激做出反应，难以承担起做出决策的责任，而且在操作手册中都有了事无巨细的规定，那么对于注重规则要求的传统官僚制来说确实可能是合适的。但在官僚制中，官僚组织替代个人选择来进行决策安排，可以通过命令机制来约束个人的选择自由，并且由于缺乏竞争，官僚组织机制就会导致效率低下、滋生腐败现象等。此外，规则化的传统的公共行政运作程序也导致人际关系冷淡，为了评定政府官员的业绩而演化出异常复杂和难于操作的评估体系。

2. 传统官僚制的低效率问题。

过于专业化和层级化的组织确实实现了对结构和过程的控制，但这种组织结构缺乏灵活性，是一种僵化的、官僚的模式。例如为了防止官僚超越行政的界限，外部制约主体对政府官僚过度制定规则。官僚在执行政策的过程中畏手畏脚，对他们而言，更关心的是程序而不是结果。这样就形成了政府官僚对规则负责而不对结果负责的行为哲学。因此，政府官僚不可能对公民的要求做出及时的和负责的回应。这样，过度规则就成为行政行为效率低下和不负责任的避风港，因为他们是在按规则办事。如美国《联邦采购法》长达6000余页，《联邦人事管理手册》长达万余页，这里足见过度的规则带来的负面效应了。同时层级化的组织往往培养墨守成规者而不是创新者；鼓励行政人员规避风险而不是勇于冒险，鼓励他们浪费稀缺资源而不是有效利用。韦伯曾把官僚制看成是“理想类型”，但现在这种理想类型却培养了惰性、丧失进取心、导致平庸和低效率，这些被认为是公共部门的特有病。实际上，“官僚”这个词在今天更多地被看成是低效率的同义词。

3. 传统官僚制的高成本的问题。

官僚制为了保证政府部门中文官的中立和不受政党的影响，在机构设计时，要求对官僚采用“职业任用”。所谓“职业任用”意味着一旦拥有公务员资格，就有牢固的地位，这成为难以改变的权利。同时，对于官员的专业技术要求也特别高。这样，由于官僚长期占据着一定的职位，并且在专业技术上属于垄断地位，因此在公共服务的输出过程中，官僚的作用举足轻重，政府运转的权力重心逐渐向官僚倾斜，“官僚已成为现代国家的核心”。正因为官僚在政府权力中属于这种特殊的地位，这为官僚追逐自身的私利创造了条件。他们为了谋求职业发展，既然职业发展主要靠上司的推荐，为了取悦上司，在向上输送信息的过程中删除不利于己的信息，报喜不报忧，因为他们垄断了这一方面的信息。这样会使信息扭曲，减少对官僚的控制，会使政府丧失对信息的控制。同时，官僚为了占有尽可能多的政治资源，包括权力、地位、金钱等，总是千方百计的追求本机构预算的最大化。因为预算越多，手中掌握的资源越多。作为公共物品的唯一供应者，官僚完全了解公共物品的真实成本。但由于他们垄断了供给与信息，他们会提高要价。这样就提高了政府运作的成本，容易导致财政赤字。

传统官僚制度的管理困境，迫使各国政府寻求突破和解决办法。在企业管理中创造并成功发挥作用的绩效管理纳入政府管理的视野。绩效管理从 20 世纪 20—30 年代起，被运用于企业的人力资源管理中，20 世纪 70 年代以后形成体系，管理对象也扩展为组织、团队、员工三个层次。绩效管理在一些企业管理中的成功运用，使政府在进行自身改革时看到了借鉴的必要。20 世纪 80 年代，在西方国家的“再造政府”运动中，绩效管理被引入政府管理领域。一定程度上说，绩效管理是公共管理者的主要职责。绩效管理代表着一个组织全面的管理工作，因为任何管理工作的目的便是提高绩效。

绩效管理指的是“利用绩效信息协助设定统一的绩效目标，

进行资源配置与优先顺序的安排，以告知管理者维持或改变目标计划，并且报告成功符合目标的管理过程”。[1] 这里的绩效是效率（efficiency）和效益（result）的总和，绩效管理是将过程管理和结果管理结合的一种管理方式。也就是说，绩效管理包括效率和效益两个方面的管理。效率指“投入”、“产出”比，效益则包括经济效益和社会效益，是指工作的结果、价值。绩效（Performances）与效率（efficiency）不同，政府管理中只追求效率是不科学的。管理学领域的效率，一般称生产效率，主要指企业管理中的投入产出比，它一般是对物质成果的量化计算结果。而政府工作中的效率则是行政效率的简称，借鉴生产效率的内涵，行政效率就是行政投入与行政效果之比。行政投入与行政效果都不会是纯物质性的。仅就行政投入而言，就不仅包括人、才、物，还不可避免地要包括行政人员投入的精力、时间、甚至还有各种人际关系等，这些是不可能完全量化计算的。再就行政效果而言，不考虑价值问题显然是不行的，而价值也是无法量化计算的。当然，这并不是说政府管理中不能引入效率概念，在可量化计算的方面，应该计算效率，而在不可量化计算的方面，则要引入“效益”的概念。绩效管理与单纯的“过程管理”不同。“过程管理”在政府管理中注重的是工作过程，其典型评价形式是所谓“干不干是态度问题，干得好不好是水平问题”，态度问题是政治问题，要严肃对待，水平问题是能力问题可宽容对待。“过程管理”在政府公职人员中典型的思想表现，则是至今为止仍有干部固守着的，所谓“一年到头辛辛苦苦，没有功劳有苦劳”的自我评价标准。这样的管理方式实际上是“政治挂帅”时代管理方式的变相延续。中国改革开放之前，评价“班子”、干部的第一位的标准是政治标准，用“政治”标准代替业务标准、能力标准，结果就是导致政府管理的低水平、低效率。单纯“过程管

① 张成福、党秀云：《公共管理学》，中国人民大学出版社 2001 年版，第 271 页。

理”的效果，及其产生的政府工作人员的工作心态，是与市场经济体制绝对不相适应的。在计划经济时期，社会经济行为中，没有或极度弱化了成本概念，政府部门和政府公职人员也没有成本观念。而市场经济体制建立的前提，就是市场中的责任人，都是“理性经济人”，追求利益的最大化是组织和个人的本能，政府及其公职人员也不例外。建立高效政府，而不是“辛苦政府”、“好人政府”，是纳税人的要求，也是市场经济体制的要求。

二、政府绩效管理能力的构成

对于现代政府的公共管理，OECD认为大多数国家已不再通过法规和等级权威来规制政府行为，而是通过“两个主要途径”提高并增强提供公共产品和服务的能力：其一是提高公共组织的生产绩效，目的在于提高公共产品和公共服务的质量；其二是政府采用合同形式购进中间形态的产品和服务。可以看出，OECD认为政府已经不再重视政府效果、产出和结果，相反政府的绩效管理已经成为改革的重要内容。尽管绩效指标的测量在公共部门比在私营部门困难得多，政府的许多部门中的机构期望制定出“绩效指标”，以测量组织在实现既定目标时所取得的进展。

绩效管理不同于以往的管理方式，它是指对管理对象的工作能力、工作态度、工作成绩、工作计划的综合管理，因而是一种更加积极、主动、全面、科学的管理方式。政府绩效能力主要从四个方面构成来考察：(1) 政治绩效管理能力。在市场经济条件下，政府绩效最经常表现为制度安排和制度创新。市场经济的游戏规则和社会执行的供给是一种政府制度安排，只是政府的核心能力之一。政府制度安排的能力越强，政治绩效就越突出。(2) 经济绩效管理能力。经济绩效表现在经济的持续发展上，不仅经济总量不断提高，而且经济结构也不断优化，宏观经济稳定，对外经济关系良好。(3) 社会绩效管理能力。社会绩效是经济发展基础上的社会全面进步，是社会的稳定与发展。其中安全与犯罪、公平与主义、福利与贫困、稳定与动乱等指标是主要的参考标准。（4）文化绩效管理能力。文化绩效是指精英文化与大众文化的互补与渗透，以及文化的繁荣与整合①。

把绩效运用于对政府行为效果的衡量，反映的是政府绩效，包含政府在社会经济管理活动中的业绩、效果和效率，是政府能力的基本体现。绩效管理与单纯的“政绩管理”不同。“政绩管理”注重的是行为结果（Result），其典型评价形式就是将行为结果等同于行为的合理性和有效性。现实中那些大大小小看似壮观、实则劳民伤财，甚至有害的“政绩工程”表明，政府的行为结果不等于行为的合理性和有效性。单纯的“政绩管理”也不是市场经济体制所需要的。市场经济需要一个为其正常运作提供服务、保障的政府，而不需要一个按个人意愿、按上级好恶行事的政府。也就是说，当前在我国，不能将政府绩效简单等同于“政绩”的根本原因，在于评价“政绩”的标准片面和评价途径单一，它们与我国已建立的市场经济体制不适应。现在通常对政府或公职人员的“政绩”评价标准单纯是经济指标，而且这些指标往往还带有深刻的计划烙印。如此“政绩”管理，常常是造成公职人员行为短期化的重要制度因素。另外，“政绩”评价途径仅有一个自上而下的评价途径，也直接导致形式主义、弄虚作假。所谓“干部出数字，数字出干部”现象屡禁不绝，就是单纯实行这种管理方式的弊端表现。

三、政府绩效管理能力建设的作用

1. 绩效管理是任何一种管理工作质量得以保证的根本措施。美国管理学家威廉纽曼把管理解释为：把一个人群团体努力朝某个共同目标引导、领导和控制；哈罗德·孔茨把管理解释为：通

① 陈振明主编：《公共管理学——一种不同于传统行政学的研究途径》，中国人民大学出版社 2003 年版，第 273 页。

过别人使事情做成的各项职能，主要包括计划、组织、人事、指挥和控制五项职能。可见，管理的好坏离不了控制，而控制的基础无疑是评估的存在，否则，控制的实施将无以为据。由是，我们说评估对于管理工作质量的保证至关重要。而政府经济职能的实施实际上就是一国政府对于整个国民经济所进行的管理工作，因此，这项工作进展得好坏当然也就不能缺少对其实施绩效进行评估这一环节。

2. 绩效管理是提高政府公共管理绩效的动力和制约力量。政府经济职能的行为主体是政府，而政府是一国内拥有垄断强制力的组织。一般情况下，拥有垄断强制力的政府组织其行为的制约因素相对于一国内任何其他形式的组织来说都要少。在这种优势地位下，若想保证一国政府经济职能的实施符合该国经济的发展需要，便必须为它设立一套完善的制衡机制。在这套完善的制衡机制中，法律等强制性限制固然不可少，但严格、客观、不以政府自身利益为核心的评估体系设置却更为重要。因为评估的存在促使政府必须按评估的标准而不是按政府自己任意的妄想去行事。当然，这种制约的有效性是以评估体系的科学、客观和公正为前提的。众所周知，一套不完整、主观且以政府自身利益为核心设置的评估体系形同虚设，它对于政府的行为举措是不会有什么制约力的。因此，为了使政府的职能实施符合一国的根本利益、长远发展，我们必须为它设置一套严密、科学和公正的评估体系，否则，政府的行为极易由于低效、浪费而对一国经济的发展造成伤害。

3. 绩效管理为社会从外部监督政府行为提供参考标准，将控制政府行为过程的权力客观化，有利于提高政府工作的效率。政府职能的实施除了需要自我约束、制约外，还需要有整个社会对它从外部进行监督评判。因为舆论的评论、社会团体的监督以及广大民众的议论将从外部为政府行为的改进提供压力。现实中，虽然对于政府职能实施绩效的评论、监督及议论随时随地都在发生，但鉴于各个人、各个团体所处的利益、地位不同，这些监督的观点也便时常迥然相异，这无疑会使社会监督对政府行为约束的强度大打折扣。为了切实保证政府职能的实施符合一国发展的长远、根本利益，我们必须为政府职能的实施绩效评估设立一套科学、完善的标准。有了统一的标准，有了合理的基准线，社会监督的力度方向才会由辐射状四处发散转变为收敛状众志成城，而处于这样一种强大压力之下的政府职能实施绩效的改进才将是更有希望的。

美国经济学家查尔斯·沃尔夫曾论述道：控制非市场过程的是相对主观的权力——官僚作风，而控制市场过程的则是相对客观的权力——贸易和竞争。沃尔夫此处所提的非市场过程亦就是我们平常所谓的政府行为过程。一般说来，如果一个行为主体的行为是由其自身所控制，那么该行为主体的行为不为其自身利益更多着想是有违常理的。人们曾假设政府这个特殊的行为组织其行为是为整个社会而非为它自己服务的，但公共选择学派的理论以及大量的各国历史和实践却证明这个假设是不真的。既然政府是有其自身集团利益的一个组织，那么如果控制政府行为过程的是相对主观的权力——官僚作风，那么为了实现自身集团利益，政府在执行其所具备的职能时出现一些腐败、寻租问题就实属正常；又由于政府亦非全知全能，因此，囿于自身能力所限，政府在执行其职能时，会出现某些失误也便不是不能理解。但为什么市场中各市场主体行为的效率、动力相对来说能够长久不衰呢？控制其行为过程的是相对客观的权力——贸易和竞争是其主要因素。因此，为了减少政府腐败的机会，降低政府失误的频率，将控制政府行为过程的权力进行一定程度的客观化，也就是通过构建一套科学、公正的政府经济职能实施绩效的评估体系，使政府的行为不仅要经受自我检验，更要经受来自整个社会的监督，从而帮助市场经济国家改革政府、提高政府机构能力，便具有一定的理论及现实意义。

4. 严格科学的绩效管理能够造就高效的政府，高效的政府才更适应市场经济的效率要求。市场经济本身是一种相对来说高效率的经济。这种高效率的取得主要归功于各市场主体基于利益驱动而进行的严格、精密的成本、收益核算。为了获取尽可能多的收益，各市场主体，尤其是企业，都为自身内部员工或部门的工作业绩设定了明确的评估标准，并按评估标准制定了有效的奖罚机制。虽然成功企业的秘诀各式各样，但严格、有效的评估机制无疑是各成功企业的共同特点。作为屹立于市场经济之中的一个特殊组织的政府，虽然鉴于其自身组织特点，对其评估的标准不可能像微观市场主体一样只以单一的盈利为标准，但为了使其职能的执行尽可能与市场经济的运行机制相符合，使政府的行为尽可能与市场原则相一致，也就是使政府的工作效率尽可能高，实现用尽量少的成本，提供尽可能多的有效服务，一套科学、公正的绩效评估体系构建无疑是意义深远的。因为市场经济需要高效的政府，高效的政府才会促进市场经济的进一步发展。两者是相互促进、相辅相成的。只有能够对其职能绩效进行严格评估的政府，才更可能成为高效的政府。

5. 绩效管理可以预先设定政府管理经济行为的方向，从而有利于保证政府政策制定的科学性。既然政府职能的实施绩效是由已经构建出来的评估体系来进行评价，那么为了取得好的业绩，政府在制定具体的经济政策时，必将以评估体系的评价标准为依据、准绳，而不能视其为虚设而置其于不顾，除非根据这套评估体系而得出的评价结果不具备法律效力，不配套相应的奖罚措施。事实上，现实生活中，任何行为者的行为方向都基本是由其评估标准所规定，正如市场经济中，市场主体之所以致力于创新，致力于提高效率，主要是因为对其优劣的判断标准是其盈利一样。当然，由于政府职能实施绩效的评估标准要远比微观市场主体复杂，它不仅要涉及成本、收益之类的经济标准，还要涉及更难设立标准的政治、道德尺度。评估标准的复杂，评估标准之间关系的繁复，尤其是其间甚至存在某种程度的互逆性，决定了政府经济政策制定的难度很大。但无论评估体系如何复杂，只要它是一个相对科学的体系，它总是会对政策制定具有指导作用。

不过，也正是因为这一评估体系设置的复杂与难度，我们才更要对它进行研究与探讨。因为这一问题的解决对于今后政府政策的出台将具有极大的参考价值，至少它会把一些明显不符合评估标准的不良政策遏制于萌芽状态，从而对经济政策出台起到某种程度的筛滤作用。

6. 严格科学的绩效评估体系能够不断纠正政府经济职能执行过程中的偏差，从而有利于保证政策实施过程的正确性。对于评估的这一作用，美国政策学家詹姆斯·E·安德森在其《公共决策》一书中已有论述。他认为：评价发现能被用以对现行政策和计划的修正，并有助于未来政策的制定。一国政府在执行其职能时，虽然其政策的出台经过了充分的论证，并可由评估体系进行初步的预检，但由于政策实施过程中所存在的大量的不可测因素，比如发生重大的自然灾害，出现严重的国际金融危机，遭遇某一利益集团的抵制，等等，以致政策在执行过程中经常会出现扭曲走形现象。扭曲走形的政策当然难以实现当初政策所预定的目标，并会使政策评估体系中的许多指标超越正常的波动范围。因此，定期或不定期地适时对政府所实施的经济政策进行评估，防微杜渐，尽量使其在偏离正轨不太远的时候对其进行纠正，就可避免由于政策实施走形过甚而导致的资源浪费，从而从实施过程层面再次确保政府政策的正确性。

第二节　政府绩效管理能力建设体系

一、政府绩效管理能力建设的制度设计

绩效管理能力要发挥其效用，需要有一系列配套的制度安排，以形成“制度合力”，成功的绩效管理制度包括以下几个方面：

1. 分权化。绩效管理改革强调结果为本而不是规则为本，要求管理者必须取得结果并为此承担责任。这就需要给予管理者

更多的权力，这些权力将成为组织及其管理者追求高绩效的动力。奥斯本和普拉斯特里克概括了分权化的三种途径[①]：第一种是组织授权，即中央行政机构、立法部门、行政部门及高层政府通过废黜强加于下一级公共组织的许多规章和其他控制来进行授权，将财政、采购、人力资源管理等控制权力下放，使各部门有了更多的自主权、独立性和其他权力来按自己的方式运作，真正地决定自己的成败；第二种是雇员授权，通过减少或废除组织内部的层级管理控制，并将权力往下推行至一线雇员；第三种是社区授权，将官僚机构的权力外移至社区。

2. 责任机制。“领略了自由之后，便要品尝责任的滋味，这种责任以绩效和深入、定期的评估形式出现”[②]。责任机制说明的是组织到底对谁负责，怎样负责。无责任则无绩效，而要落实责任，就需要对组织的绩效状况绩效评估。因此，责任机制与绩效管理密切相关。这种责任机制的主要特点：一是公民（顾客）为本。公共管理者负责确保公民（顾客）能够得到任何合理的需要。同时，建立顾客服务标准，并在绩效目标中建立顾客满意度评价，从而建立起管理者的双重责任（对民选官员和对公众的责任）。这种指向顾客的责任体制比循着命令链的责任体制更为有效。二是结果为本，而不是以程序、规则、过程为本。将责任从投入转移至产出或结果，对公共部门的绩效进行测量，奖励那些达到或超过目标的机构，而对绩效差的公共部门进行相应的处罚。

3. 公民（顾客）导向。公共部门对顾客负责就会改变其行为模式，使公共部门将更多的注意力放在顾客身上并尽可能采取最有效的方式去回应公众的需求。各国在改革的过程中，为了促

① 参见〔美〕戴维·奥斯本、彼德·普拉斯特里克：《摒弃官僚制：政府再造的五次战略》，中国人民大学出版社 2002 年版，第 216—234 页。

② 〔美〕戴维·奥斯本、彼德·普拉斯特里克：《摒弃官僚制：政府再造的五次战略》，中国人民大学出版社 2002 年版，第 218 页。

使组织对顾客负责，都做出了相应的制度安排：第一，让顾客选择公共组织；第二，通过允许顾客控制资源，并将其置于相互竞争的服务提供者之中；第三，顾客质量保证，即制定顾客服务标准并对那些很好地满足顾客需要的组织进行奖励，否则，将对组织进行惩罚；第四，每个组织必须具有聆听顾客的能力[①]。

4. 结果导向。传统官僚制行政强调以规则、程序为本，关注过程而忽略结果，从而导致组织绩效不佳。公共管理强调面向结果，为此各国政府再造改革中，采取各种措施促进政府公共部门对结果负责：第一，放松规制，赋予公共管理者更多的自主权；第二，在适于设定后果时，可以把公共组织推向市场，并使之依靠顾客取得收入，即企业化管理。企业化管理可以促使政府绩效持续改进；第三，在不适于设定后果时，可以采用在公共组织和私人组织之间，制造竞争环境；第四，如果设施两者都不可行，则可以进行绩效评估并创设后果。

5. 竞争机制和激励机制。导致政府低效的重要原因是垄断，垄断使政府缺乏改进绩效的动机，即使绩效再好，他们也得不到好处；而即使绩效再差，他们也无须承担任何风险。因此，打破垄断，引入竞争机制就成为各国政府再造的共同选择。其途径主要包括：第一，把不该政府管的公共服务交给市场或社会即民营化；第二，即使是属于政府的该管的公共服务，政府也不是唯一的提供者；第三，在政府内部创设“内部市场”，由不同的公共机构竞争性提供服务。这样通过竞争机制给公共管理者造成不断改进绩效的压力和动力。在公共管理者承担风险的同时，还必须设计一套奖优罚劣的全新激励机制，使公共管理者产生持续改进绩效的长久的内在驱动力：绩效奖励、精神补偿、资金增益分

---

① 参见〔美〕戴维·奥斯本、彼德·普拉斯特里克：《摒弃官僚制：政府再造的五次战略》，中国人民大学出版社 2002 年版，第 184—194 页。

享、共享节余、绩效工资、绩效合同与协议、绩效预算[①]。

6. 电子化政府。绩效管理是一个动态的过程，在这一过程中政府必须与公民进行双向信息沟通。政府必须以公民为导向，以公民满意度作为评估政府绩效的最终标准，而这一切的前提是政府的运作过程必须是透明的、开放的。政府要保障公民的知情权，向公民提供充分的信息，同时政府要保障公民的参与权，为公民参与提供有效地制度化途径。进而言之，政府与公众的沟通与互动不仅要有制度的保障，而且还需要可靠的渠道和技术的保障。建设电子化政府正是在信息时代实现这一目标的必要方式。正因为如此，各国无不将电子化政府作为政府再造的一个重要目标和政府再造的重要手段。建构电子化政府的实质是利用现代信息技术建构一个更加透明、更加开放、具有更高回应性的政府。

二、政府绩效管理能力建设的评价体系

把绩效运用于对政府行为效果的衡量，反映的是政府绩效，包含政府在社会经济管理活动中的业绩、效果和效率，是政府能力的基本体现。政府绩效管理主要通过缩小政府管理人员规模、降低行政管理的成本、改革行政管理系统（公务员系统、政府采购制度、预算系统）、改革政府机构文化、提高服务质量、提高政府机构实际工作的效率（再造基本工作程序，以更低成本获得更高政府生产力）等途径实现。

1. 政府业绩。（1）政府部门为社会经济活动提供服务的数量和质量，包括政府直接投资兴建的基础设施数量、政府颁布实施维护经济秩序的法令法规、政府对主导产业的支持程度等。在数量上尽可能满足社会对政府服务规模的需要，在质量上要尽量提供优质水平服务，具有高效率的办事能力。（2）政府管理目标

① 参见〔美〕戴维·奥斯本、彼德·普拉斯特里克：《摒弃官僚制：政府再造的五次战略》，中国人民大学出版社2002年版，第147—148页。

的实现情况，包括是否充分就业、物价是否稳定、经济是否持续增长、国际收支是否平衡、资源配置是否合理、国民财富是否增加等。（3）政策制定水平与实施效果，包括财政政策、货币政策、产业政策等。（4）政府管理社会效果，包括公民对社会公平和公正是否充满信心，每10万居民中严重犯罪人数，人们对人身、财产安全受到保护的程度是否满意等。

2. 行政效率。效率有两大基础：一是物质技术基础，产生常规效率；二是道德基础，产生超常规效率。行政效率是政府绩效的核心要素。对于效率有两种理解，一是指效益，即投入与产出直接的比率；二是时间概念，指完成一项工作所需时间的多少。完成一项工作所需的时间越少，效率就越高。作为行政效率，就是指在圆满完成行政机关的使命和任务以及既定目标的基础上，所投入的工作量与获得的工作效果之比。具体是指行政机关和行政人员从事行政管理活动所取得的劳动成果、社会效益同所消耗的人力、物力、财力和时间的比例关系。行政效率的高低主要涉及质量、速度两个因素。质量是指行政管理的每一项工作所必须达到的规定和要求。速度是指完成每一项工作所耗费的时间。质量是行政效率的基础，只有在符合质量要求的前提下，速度才有意义。速度是行政效率的关键。

3. 政府效能。政府效能，指政府履行职能能力的强弱以及由此产生的种种影响。它反映着政府工作目标及其实施的成效。强有力的政府就是有效能的政府，否则就是低效能的政府。政府效能也可以理解为：政府行政体系所产生的“产品”（包括社会公共政策、社会服务机构、社会保障体系等）和向公众提供的服务的水平。政府效能包括质量、效果、公众满意度等具体指标，反映了社会需要和政府组织目标。

效能与效率直接存在目标和管理的关系。效能统筹、制约效率，效率服从、服务效能。与行政效率相比，政府效能是指组织预期目标实现的程度，着重品质层面。实现目标的程度高，则说明组织的效能高。行政效率突出时效性，效能则强调结果性。体现在政府行政行为上，行政效率强调完成的工作数量和所花费的时间成本，而效能则重视工作的质量和为公众提供服务的水平。行政组织在利用资源方面的高效率必须建立在接近目标的过程中，不能出现有效率而无效能的情况。如果组织或体制效能不足，提高效率又有何意义？公民不仅渴望“廉价的政府”，而且还渴望“有效的政府”。政府不仅要追求政府行为的高效率，更要重视政府给公众提供的公共产品的质量和社会服务水平。发展速度和政府效率逐渐降为次要因素，政府效能上升到主导地位。各国政府也把能否向社会提供高质量的社会公共产品和高水平的社会服务作为衡量政府绩效的首要指标，过去单纯的以数量扩张为核心的政府绩效评价标准已经不再流行。

政府效能可以从两个方面进行考核：(1) 政府行为合理化水平。包括：政府决策是否科学、民主监督是否公开化、是否廉洁、勤政、高效；政府的权威性；政府社会经济管理目标的选择和路途；政府能否将其政策有效运用于现实经济中；支持还是损害国家竞争力的发展；立法机关的立法活动能否满足经济的竞争性要求；政府对公民公开其意图的透明度如何；政治体制能否适应经济发展；政府决策是否能有效实施；不适当行为（如受贿或腐败）在公共领域是否盛行。(2) 政府机关效能。是否有完善的制度，包括岗位责任制、首问负责制、服务承诺制、限时办结制、联合办公制、效能考评制和失职追查制等；能否依法行政；是否推行政务公开，是否公示机关各部门的职责、权限、审批程序、时限、承办人姓名和审批结果等；能否提高办事效率，用科技手段提高办公自动化程度；是否开展优质服务。

第三节　中国政府绩效管理能力建设改革

一、我国政府部门绩效管理能力建设的现状和障碍

中国在实行计划经济体制时期，从未重视行政效率和行政成

本的问题。为了从落后的农业国迅速转变为工业国，政府所做的有些工作常常是不计成本，比如大跃进；有些工作损伤了某一部分群众的利益，比如多年来农民所做的卓越的牺牲；等等。这些诸多的问题，之所以会出现或没有得到及时纠正，其中一个极为重要的原因便是传统的计划经济体制下，我国政府对于自身经济管理行为的实施绩效没有建立一套科学、客观、公正的评估体系。由于不存在一套不以政府决策者主观意愿为转移的评估体系，任何问题的纠正、解决便只能寄希望于决策者的反思、省悟，而这实际上无异于将整个国家的兴衰押赌于决策者个人的智慧。由此，这种体制会酿成许多过失也便不足为奇，政府的整体行政效能低下也就成为正常现象。

从总体而言，我国政府绩效管理无论在理论还是在实践上都还不成熟，处在起步探索阶段。在实践力度和效果上都存在不足，发展不平衡。主要问题：一是绩效评估工作基本上处在地方政府自发状态，缺乏相应法律和制度作保障，缺乏激励机制和长效机制，实践中存在盲目性。没有统一规划，不能在政府系统全面推行；没有建立起战略规划、绩效计划和绩效报告等制度框架，绩效评估的随意性很大；缺乏统一的领导机构和绩效标准，部门各自为政，无法进行部门或地区间的比较评估。二是没有建立科学的评估指标体系，片面将经济业绩等同于政绩，评价工作绩效不是按业绩和对组织目标和使命的贡献，多是看是否严格遵守规则，是否迎合了上级机关的意图，公众和行政相对人的参与度有待提高。三是理论引导力度不够，对政府部门绩效评估缺乏深入研究，目标界定不清，评估标准比较单一，指标设置过于笼统，评估方法不够科学，评估手段落后，评估结果缺乏实质性应用。有的领导干部对绩效评估认识不到位，对绩效评估重视不够，甚至有抵触情绪，致使绩效评估工作停滞不前。四是有的地方工作中存在形式主义，把评估活动当作“政绩工程”、“面子活”，空头支票多，抓落实少，虎头蛇尾多，善始善终少，不能变压力为动力，推动政府职能和作风转变；绩效评估也有缺位、错位、越位的问题，许多大检查、大评比不仅没有取得效果，而且使这种检查、评比成为基层单位的一种负担，直接损害政府形象。

在当前政府行政环境下，我国实行政府绩效管理能力建设面临的各种障碍，主要有以下几点：

1. 企业与政府两种性质不同的组织形式差异，决定了政府的绩效管理与企业的绩效管理从内容到形式都有不同，不能完全照搬企业的绩效管理方式，公共部门的产出往往难以量化。

绩效评估的一个重要前提就是必须将所有绩效都以量化的方式呈现，再据此绩效评估。在私人部门这样做基本上不构成问题，因为私人部门的服务可以出售，并且可以用金钱衡量价值。但是，公共部门的服务包括公共产品都是"非商品性"的，不能按照市场原则出售，难以用金钱衡量。因此，公共部门的绩效评估面临着评估对象如何量化、难以量化的问题。另外，即使公共部门的绩效可以量化，仍存在其量化形式是否适宜作为评估指标的问题。

在评估的价值取向上，企业可以毫无疑问地将利润和效率放在第一位，但政府就不能。作为非营利组织，政府根本就没有利润可言，而一味追求效率也容易引发诸如过度集权、行政命令、工作方法简单粗暴、"一刀切"、弄虚作假等等各种"负效应"。另外，在确定政府绩效评估的价值取向问题上，将无法回避"效率"与"公平"这一对固有的矛盾。对政府而言，显然最好是二者兼顾，但实际中完全的"骑墙"是没有的，而且，"效率"与"公平"的性质是完全不同的，前者可量化评估，后者却不可量化评估。行政行为的垄断性特点，使政府很少感受竞争压力，从而也不能从内部形成追求低成本、高效率的动力。激烈的竞争是企业努力降低成本、提高效率的最重要动因。即便是垄断性企业，其垄断程度也远低于政府的垄断性行为。政府所提供的公共服务可以是强制性的项目，如治安、消防、市场稽查等，也可以是投资巨大、回收周期长的项目，如交通干线、水电设施、电信、公用管道等，这些行为的垄断性由于没有外部的竞争压力，也就形成不了提高服务质量、降低生产成本的内在动力，甚至不好确定其评估的标准和评估的方式。

2. 政府行政组织所特有的弊端也会增加政府绩效管理的难度。

政府机关从来是以社会管理者的身份出现在社会生活中，而政府机关自身却没有自我约束的动力，所以也不容易制定出严格、科学的自我约束性的绩效管理政策。政府的必要性一般被归结为“市场失灵”，政府履行职能的政策性、强制性特点，使政府习惯于站在发号施令的位置，即社会组织和个人的行为都必须服从来自政府的政策、法规的约束。而政府及其公职人员所受到的行为约束不仅有限，而且绝大多数实际上是自我约束——自定的政策、规章、制度。由于缺乏竞争，政府的官员们没有必要关心社会财富的使用效率，也没有必要约束自己的行为。相反，如果不“制造”出超额的公共服务，不想办法“制造”出预算赤字，就不能争取到特权、不能获得要求扩编的理由、不能争取到来年的增加预算款，还有种类繁多的“精神鼓励”——荣誉。这些“制造”出来的公共服务、“制造”出来的预算赤字，往往与实际需要混杂在一起，使绩效管理无从评判。

在推行绩效管理的过程中，政府机构面临着被合并或被撤销以及被缩减预算等压力，因而具有追求自身利益最大化倾向的政府机构会对改革进行抵制。而官僚制组织文化作为组织的潜层结构，对组织行为的影响极大。“官僚制创造了一种公共雇员都胆小怕事、相互推诿以及自我保护的文化”[①]。在这种文化中，政府工作人员相互指责，或指责外人，而不是对自己的行为承担责任；固守本分，而不是尽力创新；接受平庸，而不是追求卓越；拒绝变革，而不是主动适应变革。尽管改革对官僚制组织文化产

① 〔美〕戴维·奥斯本、彼德·普拉斯特里克：《摒弃官僚制：政府再造的五次战略》，中国人民大学出版社 2002 年版，第 45 页。

生了较大的冲击，但由于文化的变迁十分缓慢，官僚制组织文化或多或少仍然会对绩效管理的实施构成障碍。

3. 公共部门的绩效标准难以确定。

绩效评估是依据一定的标准进行的价值判断活动，因此，制定绩效标准及其绩效指标体系是进行绩效评估的前提。各国在实践中基本上倾向于以“3E”或“4E”（经济、效率、效果、公平）作为标准，但如何将这些标准进一步细化为绩效指标体系则是绩效管理中面临的一个大难题。首先，公共部门是由多个承担不同功能的机构来构成，因此，难以用统一的绩效指标体系来衡量功能不同机构或组织的绩效。其次，即使是功能相同的公共组织也有地区性的差异，其规模、大小也不一样，以同样的绩效指标来衡量他们之间的绩效比不公平，也不适宜。再次，由于公众价值偏好的多样性，对公共部门绩效有不同的解释，因此很难制定一套社会全体成员都认同的绩效指标体系。最后，由于公共部门的绩效（尤其是服务的质量或品质）大多难以用客观具体的数据来衡量。因此，如何制定科学准确的绩效指标体系就成为绩效管理的主要限制。

4. 在中国实行政府绩效管理还会遇到一个重要的障碍：观念的障碍。当前的“观念障碍”实际主要表现在两个方面。第一是中国传统的、根深蒂固的“官本位”思想形成的障碍。所谓“官本位”就是以做官和升迁作为衡量一个人生存价值的基本标准。其表现是，在官就居高临下，盛气凌人；在民则“畏官”、“敬官”，唯唯诺诺。在这样的心态下，谁还敢去监督政府、官员。政府、官员也难以平常心态面对下属或百姓的评价、监督。更何况这个评价监督的标准、方式、程序，以及评价结果的使用等等，全部的工作要由他们自己制定、执行。第二是“理性经济人”意识的淡漠形成的障碍。绩效管理归根结底是商品经济、市场经济的产物，而在中国这个有着悠久的传统经济历史，有着汪洋大海般小生产思想的国度里，人们对商品的认识刚过 20 年，对真正意义上的市场的了解还不满 10 年，他们在国有企业的生产领域里计算成本、效益都不熟练，还要到行政领域计算成本、效益，自然更感困难。

5. 绩效管理信息系统的不完善。

绩效管理过程实际上是一个信息的收集、整理、输出、反馈的过程，绩效管理必须依靠充足和完备的信息系统支持。各国在推行绩效管理时，都把加强信息系统建设列在极为重要的地位。但是公共部门的绩效管理信息系统的完善仍然存在巨大阻碍。首先是信息收集困难。要准确地衡量组织的绩效就需要全面系统地收集有关组织的多方面绩效信息，这是一个庞杂的工作，需要耗费大量的人力、物力和财力以及时间，成本非常大。加之现实主客观条件的限制（如层级的存在会造成信息失真，官僚会故意隐瞒，报喜不报忧等），这样使得公共部门往往无法获取全面的真实系统信息，甚至有时候收集到的信息是错误的。其次是信息沟通存在障碍。在政府与公众的沟通方面，政府往往是最大的信息垄断者，而社会公众则显得微不足道。政府不是将其掌握的信息都如实地告知社会公众，大多数情况下社会公众并不知道政府在做什么以及如何去做的。由于受制于信息传递渠道，公众的意愿往往不能及时、准确、畅通地得到表达。这样，政府就不能充分了解公众的意愿，也就不能及时提供公众需要的服务。这就给公众客观公正的评估政府造成困难。在上下级组织的沟通方面，管理层级的存在会造成信息传递失真的可能，管理层级越多，信息失真的可能性就越大。如果收集的信息不够全面，或是错误的，就无法真正反映组织的绩效。

二、增强政府绩效管理能力的体系建设

当前我国正处在深化政府管理体制改革的关键时期，加快推进政府绩效评估机制有助于推动体制改革和管理方式创新，有助于提高政府的管理能力。我国政府部门绩效管理能力体系建设应当从以下方面入手。

1. 我国政府实施绩效管理的主要内容应当包括：（1）绩效管理评估的指标应该既包括“硬指标”，又包括“软指标”。所谓“硬指标”就是指可量化的指标，其中以经济审计为主要内容和评估的主要途径；“软指标”是指难以具体量化的公众的满意度，其中以社会评价为主要内容，评估的主要途径应是中介组织进行的社会调查。当然，这里的“软指标”有些也是可以转化为“硬指标”的，如公众对政府的支持率、政府决策的实现程度、社会的发案率等。（2）评估的方向应该是多向的。一是自评、二是系统内进行的多向评估，即政府机构内，上下级之间、同级各部门之间，领导与一般工作人员之间的相互评估；另一个是系统外进行的多向评估，即公众对政府、公众对行政领导、公众对政府公务员的评价。这样的评估内容，实际上是难以量化的，其中个人偏好会对评估结果起较大的影响作用，所以，公众参与的面应尽可能广一些。（3）评估的时效应该是长短结合的，既有年度评估，又有任期评估；既有对短期发展计划的制定和执行，又有对长远可持续发展规划的制定和实现。这种主要针对行政领导的、强调评估时效长短结合的评估内容设计，关键是为了纠正以往“政绩型”评估模式只注重投入和过程，忽视效率和结果的弊端。

2. 我国政府开展绩效管理应遵循的原则。（1）立足当代中国国情，遵循“依法治国”为原则。行政制度的建立和行政活动的开展是在一种特定的土壤之上的，政府管理绩效评估只有扎根在我国行政文化的土壤上才有长久的生命力。并且我们把政府管理绩效评估作为一项制度来建立和一项活动来开展，我们就必须使它符合法律，并且使它法律化，从而使政府管理绩效评估成为提高政府管理水平的法宝和惩治政府腐败现象的武器。（2）政府管理绩效评估要以最终目的服务大众为原则。“政府本位”向“民众本位”的转变，向服务型政府的转型，中国政府本身的任务就是要为广大人民群众谋福利，代表最广大人民群众的根本利益。这也要求我们的政府管理绩效评估的着眼点和落脚点在于服务大众，而不是官僚阶层和上流社会，这也是我们区别于西方政府管理绩效评估的重要之处。(3) 政府管理绩效评估要以把社会效益和政府自身效益相统一为原则。政府管理活动目的在于社会效益的产生，我们不能因为追求社会效益，而放弃政府自身效益；更不能为了政府自身效益，而放弃了社会效益，只有把握好两者效益的关系才能使政府管理活动良性地开展和运行，这也是民主和效率意识的统一。政府管理绩效评估要努力实现两者的统一。

3. 我国政府绩效管理机制建立的关键措施是建立提高政府管理绩效的激励制度。(1) 合理的政府部门分权。部门的权力受到多方面的限制，政府人员不能自由地对经费、人事和机构目标进行管理，也就没有相应的节约经费的激励和责任。威尔逊认为要提高政府绩效就必须减少对政府的制约，他认为既然减少对市场制约能使参与者释放进取的潜能，从而产生了实际效益，那么减少对公共部门的制约也当有助于激发它的活力。分权，使权力分配和对资源控制与你的组织所承担的任务相匹配。分权使政府部门拥有更多对资金、人事等控制权，为更加负责的政府提供了机会。在分权的制度激励下，政府部门有重视产出和降低成本的驱动力。(2) 适当的政府间竞争。政府间竞争有助于提高政府绩效管理的有效性。政府间的竞争不仅包括一国内地方政府间的竞争，也包括中央政府和地方政府间的竞争。政府间竞争可以通过多种渠道进行。政府间预算竞争是政府竞争的方式之一，在行政管理体制内部重新建立竞争结构，预算分配工作在内部招标的基础上进行可以提高政府效率。允许政府部门在某些行政工作上开展竞争，可以削减政府部门成本，使预算分配到最有效部门。(3) 有效的收益共享和分享节余机制。最高级别恢复发扬个人积极性的经济激励制度是提高政府效率的方法之一。竞争可以降低成本，但只有经济激励才能回报绩效。具体的方式有三种：账目可以做得很细的地方，分配剩余；账目难以准确的地方，发放特别奖金；节约资金用于预算外活动的投资。收益共享和分享节余是对绩效提高的报酬，即把政府管理人员的提高绩效的努力与收益联系起来。收益共享和分享节余是将政府管理人员的收益与组织的产出联系起来，政府管理人员与组织共享收益。这一制度为政府官僚机构和政府管理人员提高绩效提供了经济上的回报。

4. 打破以往的人性化的、随意的和不规范的评估传统，建立系统的和科学的政府管理绩效评估制度。一个制度的建立是从多方面形成的一个体系，政府管理绩效评估制度的建立要包括绩效评估的基本元素、绩效评估的内容、绩效评估的功能、绩效评估的过程、绩效评估的操作和绩效评估的标准等，从而为政府开展绩效评估活动提供了制度保障和操作规范，努力使其法律化。(1) 立法、审计部门进行公共项目实施的审计和监察，向立法机关、政府以及公众公布绩效管理的评估结果。(2) 在全国各级人大机关建立必要的评估机构，评价和监督公共部门的公共政策、规划、方案、计划等项目的实施过程及其结果，把评估作为监督公共部门公共管理的有效手段。(3) 鼓励和发展民间中介评估机构。(4) 加强中国绩效管理的立法工作，从法律上树立对政府进行管理的机构的权威性，使政府的绩效管理和评估有法可依、有章可循，把绩效管理纳入正常发展的轨道。

5. 建立政府绩效管理和评估的信息管理系统，形成发现问题和解决问题的互动机制。首先明确政府管理活动中存在的问题，分析和总结问题产生的原因，并且了解存在问题对政府管理活动的影响程度。不论是一项成功的或是不成功的政府管理活动，都会在政府管理活动中存在影响活动开展、运行和效果的问题，而绩效评估就是通过对活动的研究来找出问题所在和原因所在，从而为行政活动提供有效的信息反馈，从而为政府管理活动解决问题或减少问题影响程度提供帮助。其次，分析政府自身存在状况，指出优点和弊端之所在。政府管理活动中产生的问题有一些是由于政府自身结构、体制等问题，通过绩效评估来找到政府自身优缺点所在，这为政府自身的变革提供帮助。建立政府绩效管理信息系统，应组织专门力量，收集国家有关政治、经济、社会文化、军事等各方面的信息，进行必要的统计、归纳、整理和加工，并视不同时期的不同情况，及时予以调整、充实，为管理工作提供资料的收集和方便。应当建立信息的传递网络，把公共部门的绩效评估结果尽快反馈给有关各方，使信息得到广泛使用和监督。

6. 发挥专业评估和研究机构的作用。绩效评估是一项专业性强、技术含量和规范化程度高的工作。为了保证评估机构独立工作，免受被评估的政府机关干扰，保证评估结果真实可信，有必要逐步形成相关的独立评估机构。美国为推动政府机构绩效评估，在国家绩效评荐小组下设了专门的绩效评估研究组，定期发布研究报告，总结各地绩效评估实践活动并提供技术上的指导。美国的锡拉丘兹大学坎贝尔研究所自 1998 年以来就与美国《政府管理》杂志合作，每年对各州或市的政府绩效进行评估并发布评估报告，引起政府和公众广泛关注。我国是否可以考虑在中国行政管理学会和地方行政管理学会、相关研究机构和高校中成立由各方面专家组成的绩效评估机构。专业评估机构接受评估主体的委托，对政府绩效进行准确、客观、公正的评估。专业评估机构也可以为各级政府和部门开展绩效评估提供智力支持，同时在评估人才培养方面，高校和科研部门还要发挥积极作用。

参考文献：

1.〔美〕戴维·奥斯本、特德·盖布勒：《改革政府——企业精神如何改革着公营部门》，上海译文出版社 1996 年版。

2.〔德〕马克斯·韦伯：《经济与社会》（上、下册），商务印书馆 1997 年版。

3.〔美〕R·J·斯蒂尔曼：《公共行政学》，中国社会科学出版社 1988 年版。

4.〔美〕拉塞尔·M·林登：《无缝隙政府：公共部门再造指南》，中国人民大学出版社 2002 年版。

5.〔美〕文森特·奥斯特罗姆：《美国公共行政的思想危机》，三联书店 2000 年版。

6.〔美〕道格拉斯·诺斯：《经济史中的结构与变迁》，上海人民出版社 1994 年版。

7.〔美〕丹尼尔·A·雷恩：《管理思想的演变》，中国社会科学出版社 2000 年版。

8.〔美〕赫伯特·西蒙：《管理行为：管理组织决策过程的研究》，北京经济学院出版社 1988 年版。

9.〔美〕B·盖伊·彼得斯：《政府未来的治理模式》，中国人民大学出版社 2001 年版。

10.〔美〕泰勒：《科学管理原理》，中国社会科学出版社 1984 年版。

11.〔美〕彼得·杜拉克：《21 世纪的管理挑战》，三联书店 2000 年版。

12.〔美〕卡斯特、罗森茨韦克：《组织与管理：系统与权变的方法》，中国社会科学出版社 2000 年版。

13.〔美〕塞缪尔·P·亨廷顿：《变化社会中的政治秩序》，上海人民出版社 2008 年版。

14.〔法〕孟德斯鸠：《论法的精神》，上海商务印书馆 1961 年版。

15.世界银行：《1997 年世界发展报告——变革中的政府》，中国财政经济出版社 1997 年版。

16.〔德〕哈贝马斯：《合法化危机》，上海人民出版社 2000 年版。

17.〔美〕詹姆斯·E·安德森：《公共决策》，华夏出版社 1990 年版。

18. 〔美〕弗朗西斯·福山:《历史的终结及最后之人》，中国社会科学出版社 2003 年版。
19. 〔美〕帕特里夏·英格拉姆:《公共管理体制改革的模式》，载国家行政学院国际合作交流部编译:《西方国家行政改革述评》，国家行政学院出版社 1998 年版。
20. 张世贤:《公共政策析论》，台湾五南图书出版社 1986 年版。
21. 刘靖化、姜宪利:《中国政府管理创新总论》，中国社会科学出版社 2004 年版。
22. 周志忍:《当代国外行政改革比较研究》，国家行政学院出版社 1999 年版。
23. 毛寿龙等:《西方政府的治道变革》，中国人民大学出版社 1998 年版。
24. 桑玉成等:《政府角色——关于市场经济下政府作为与不作为》，上海社会科学出版社 2000 年版。
25. 陈振明:《公共管理学》，中国人民大学出版社 2001 年版。
26. 陈振明:《公共管理学——一种不同于传统行政学的研究途径》，中国人民大学出版社 2003 年版。
27. 陈振明:《政府再造——西方"新公共管理运动"述评》，中国人民大学出版社 2003 年版。
28. 顾爱华:《公共管理》，东北大学出版社 2002 年版。
29. 张成福、党秀云:《公共管理学》，中国人民大学出版社 2001 年版。
30. 沈亚平、王骚:《社会转型与行政发展》，南开大学出版社 2005 年版。
31. 王绍光、胡鞍钢:《中国国家能力报告》，辽宁人民出版社 1993 年版。
32. 朱光磊:《当代中国政府过程》，天津人民出版社 1997 年版。
33. 张国庆:《行政管理学概论》，北京大学出版社 2000 年版。
34. 汪永成:《经济全球化与中国政府能力现代化》，人民出版社 2006 年版。
35. 施雪华:《政府权能理论》，浙江人民出版社 1998 年版。
36. 黄卫平:《当代中国政治研究报告》，社会科学文献出版社 2003 年版。
37. 辛向阳:《新政府论：市场经济·政府职能·机构改革》，中国工人出版社 1994 年版。
38. 黄卫平、汪永成:《当代中国政治研究报告（Ⅳ）》，社会科学文献出版社 2005 年版。
39. 李鹏主编:《公共管理学》，中共中央党校出版社 2006 年版。
40. 廖林燕:《政府能力问题的国内研究述评》，《河北理工大学学报（社会科学版)》2007 年第 2 期。
41. 臧乃康:《论政府能力》,《甘肃社会科学》2001 年第 3 期。
42. 黄建洪:《现代化进程中的中国地方政府能力建设》,《理论与现代化》2009 年第 5 期。
43. 黄建洪:《论中国社会转型期的政府能力弱化与治理》,《四川行政学院学报》2010 年第 1 期。
44. 窦立夫:《论社会转型期的地方政府能力》,《学海》2002 年第 2 期。
45. 俞可平:《全球化与中国的政府能力》,《公共管理学报》2005 年第 2 卷第 1 期。
46. 〔美〕菲利普·施密特:《民主化、治理和政府能力》,《经济社会体制比较》2005 年第 5 期。
47. 郭忠华:《全球化与民族国家:开放条件下政府能力的重构》,《理论与改革》2002 年第 5 期。
48. 金太军:《政府职能与政府能力》,《中国行政管理》1998 年第 12 期。
49. 王春福:《构建和谐社会与完善利益表达机制》,《中共中央党校学报》2006 年第 3 期。
50. 姚望:《当代中国利益表达现状分析及对策研究》,《内蒙古社会科学(汉文版)》2006 年第 1 期。
51. 方同义:《多元利益群体的利益表达与和谐社会建设》,《浙江社会科学》2006 年第 6 期。